译文经典

论精神

De L’esprit
Heidegger et la question

海德格尔与问题

Jacques Derrida

〔法〕雅克·德里达 著

朱刚 译

上海译文出版社

目录

第一章[1]

我将谈论魂灵（revenant）[2]、火焰（flamme）与各种灰烬（cendres）。

以及——对于海德格尔来说——避免（*éviter*）意味着什么。

避免什么？海德格尔屡次使用这个日常词语，*vermeiden*：避免，逃避，避开。当这个词与“精神”（l'esprit）或“精神性的”（le spirituel）有关时，它会意指什么呢？我要立即明确的是：它涉及的不是精神或精神性的，而是 *Geist*、*geistig*、*geistlich*，[3]因为这个问题将完全是一个语言问题。这些德语词语允许翻译吗？换言之：它们是可以避免的吗？

Sein und Zeit［《存在与时间》］（1927）：海德格尔那时说了些什么？他宣布，他规定。他警告：我们应当避免（*vermeiden*）某些术语。其中就有精神（*Geist*）这个词。1953年，在超过二十五年——这可不是随随便便的四分之一世纪——之后，海德格尔在那部用以向特拉克尔（Trakl）致意的

伟大文本中指出，特拉克尔总是小心翼翼地避免(又是 *vermeiden*) *geistig* 这个词。显然，海德格尔赞同这一点。他与特拉克尔一道运思。但是这一次要避免的不再是 *Geist*，甚至也不是 *geistlich*，而是 *geistig*。

---

① De l'esprit 在法语中既有“论精神”、“关于精神”之意，也有“从精神来”、“属于精神”、“被精神……”等义。在这本书中，德里达也经常在后几种意义上使用“de l'esprit”。这是我们应当时刻注意的。——译者

② revenant：字面义是“重新来临者”，在日常法语中意指“幽灵、鬼魂、魂灵等”。德里达在本书中既在“幽灵、魂灵”的意义上使用它，同时又突出它与 venir(来临、到来)之间的联系。我们将之译为“魂灵”，是为了与 fantôme(幻影)、spectre(幽灵)等词区分开。——译者

③ l'esprit 与 spirituel 是法语，Geist、geistig 和 geistlich 是德语：Geist 意指“精神、心灵等”，*geistig* 和 *geistlich* 是它的两种形容词形式，前者意指“精神的、智力的、思想的等”；后者意指“信神的、宗教的、教会的等”。海德格尔后期分别赋予这两个词不同的用法：用 geistig 表达柏拉图形而上学-基督教意义上的“精神的”，用 geistlich 表达非柏拉图形而上学-基督教意义上的“精神的”。孙周兴先生在海德格尔的《在通向语言的途中》中译本(商务印书馆，1997 年)里将 *geistig* 译为“精神的”，把 geistlich 译为“精灵的”。但在本书中，德里达并没有对这两个词分别进行翻译，在大多数情形下(我们说“在大多数情形下”，是因为德里达有时也用 spiritual 这个来自英文的外来词，详见下文有关注释)，他都是用 spirituel(我们译为“精神性的”)这一个法语词同时翻译这两者：德里达这样做首先是因为法语“精神”(l'esprit)一词并没有现成的两个形容词与德语的这两个词一一对应；但更重要的是因为在德里达看来，海德格尔用 *geistlich* 所表达的那种非基督教的“精神性”，最终很可能不过是对基督教的“精神性”更深刻的表达(见本书最后一章中德里达设想的基督徒与海德格尔之间的对话)。当然，在德里达认为有必要强调 geistig 与 geistlich 这两个词的不同的时候，他或者直接用这两个德语词，或者在法语的 spirituel 后面分别附上对应的德文词。这就给我们的翻译造成了困难：首先，我们对 geistig 和 geistlich 这两个德语词要不要分别给出中译？如果给出，德里达在法文里却只是用一个词来同时表达这两个词，而我们又无法把德里达的这同一个词每次都还原为德语的对应词：这既是由于技术上不可行，更是由于如此一来又恰恰遮蔽了德里达之所以这样做的用意。有鉴于此，我们还是决定随德里达一道：在他直接引用德文的地方，我们也直接给出德文，不予翻译；在他先用法语翻译然后再附上德文的地方，我们也先把法语翻译成中文然后再在后面附上德文。——译者

如何标划这里的差异？这里发生了何事？这段期间意味着什么？如何解释：在这二十五年间，在这两次警告标记（“避免”、“避免使用它们”）之间，海德格尔仍然经常地、有规律地、明显地——如果不是醒目的话——使用着所有这些词汇，其中就包含有形容词 *geistig*？以及，他不仅经常言及“精神”这个词，而且——有时屈服于夸张——以精神之名言说？

他无法避免他知道应当避免的东西吗？以某种方式他许诺要避免什么呢？他忘记了要避免吗？还是说，正如人们可能怀疑的那样，事情要比这曲折复杂得多？

在此我可以为另外一本书专写一章文字。我设想它的标题是：如何不说。① “避免”，尤其是在海德格尔那里，究竟意味着什么？它并不必然是避开或否定。就下面这一点而言，[“避开”和“否定”]这些范畴并不足够：经常使用它们的论说（比如心理分析的论说），并没有考虑到在面对存在问题的地方所出现的 *vermeiden* 的经济。②至少我们可以说，我们离这种考虑还很远。而我今天将要进行的全部尝试，就

---

① 这是由伽利略出版社（Galilée，1987）同时出版的一本书（*Psyché. Inventions de l'autre*，《心灵。他者的发现》[下简称《心灵》——译者]）中的一章的标题。也请参见“撤回”（“Désistance”）（同上）。

② économie，这个词无疑是相当难译的。在法语里，它的主要意思有（1）“（家庭经济、个人财产、国家财富等的）管理，经营，经管等”。这种意思是来源于它的希腊词源：oikonomia，其中的 oikos 是“家”，nomia 是“管理”。所以 （转下页）

是要逼近这种考虑。我尤其要思考的是“避免”的所有下述模态：它们在不说之际又回到说，在不写之际又回到写，在不用一些词语的时候又回到对它们的使用：比如，在引号中，在打叉(croix)(*kreuzweise Durchstreichung*)形式中的非否定的涂抹(rature)下，或者复又在这样一些类型的句子中：“如果我还应当写一种神学，像我有时试图做的那样，

(接上页)在这个意义上，也有人把这个词译为“家政(学)”。(2)“经济学”。(3)“经济”。(4)“节省、节约；节俭”。(5)复数时是“积蓄、储蓄”之意。(6)在书面语中还可表示“协调、和谐、布局、结构”等义。在这几种意思中，(1)是其古义，(2)、(3)、(4)是从(1)中引申出来，它们都可以用中文“经济”一词一以贯之：因为“经济”在中文中也可以表达“节省、节约”等义。此外，“节省、节约”意义上的“经济”，也意味着一种特殊“模态”的“交换”或“交易”：以较小的成本换取较大的收益。因此这也是一种特殊的“运动方式”或运动“模态”(见紧接着的下文)、一种特殊的“策略”(见本书第二章开头)。德里达在这里(包括其他地方，比如《论文字学》)可能主要是在这种意义上使用这个词，比如他下面紧接着说：“我尤其要思考的是‘避免’的所有下述模态：它们在不说之际又回到说，在不写之际又回到写，在不用一些词语的时候又回到对它们的使用：比如，在引号中，在打叉(croix)(*kreuzweise Durchstreichung*)形式中的非否定的涂抹(rature)下……”在这里我们分明能看到一种在不说与说之间、不写与写之间、涂抹与重新使用之间，无不存在着一种“économie”或“策略”，一种特殊“模态”的“交换”：在给出的同时又收回；在避开的同时又触及。当然，这样一种特殊“模态”的“交换”或“策略”，必然也同时意味着一种特殊的“布局、结构”。因此也有的译者把这个词译为“结构”(见汪堂家译德里达《论文字学》，上海译文出版社，1999年)。但尽管如此，笔者还是决定把它译为“经济”，因为“结构”、“布局”或“运动方式”这些译法很难让人明白它究竟是怎样一种“布局”、“结构”和“运动方式”，因此很容易就把这个关键词跳过，而忽略德里达借此所表达的真正意思。当然，译为“经济”也要冒极大的风险：在读者心中，“经济”一词往往是与各种经济活动直接联系在一起，因此用在这里好像太突兀，有点不伦不类。但译者正希望这种“突兀”与“不伦不类”能把读者的目光多挽留在这个词上一会，以细心体会其中的意思。——译者

那么‘存在’这个词就应当不在其中出现”，[①]等等。现在我们知道得很清楚，在海德格尔写这句话的时候，由于他让“存在”这个词于涂抹中出现，他就已经让“存在”这个词消失了。因此这一点使海德格尔可能自很久以来就踏上了这样一种神学的道路，那种他说他本来只是想写但在那一刻并没有不写的神学，甚至在他说不是这么回事的时候，在他说尤其不想这么做的时候，在他说如果有一天信仰召唤他、他就应当关闭他的思想作坊的时候也并没有不写的神学。[②]在说这些的时候，他不是恰恰表明了他能够做这件事吗？不是表明了，他能轻而易举地成为，甚至是那唯一能做这件事的人吗？

我为此次会议而被迫接受的题目可能使你们中的某些人感到惊讶或震惊，无论他们是否于其中认识到[它是]来自一本使人愤慨的、首先是匿名的且被付之一炬的书的引

---

① 对苏黎世大学学生的回答（1951）。由 F. 费迪耶（F. Fédier）和 D. 萨特简（D. Saatdjian）在《诗歌》（*PoEsie*）第 13 期（1980）中翻译和提供的研讨课（Séminaire）。我所引的并且我在“如何不说”一文（载《心灵》）中重新予以考虑的这一段也在同一年由 J. 格赖施（J. Greisch）翻译出来，载《海德格尔与上帝问题》（*Heidegger et la question de Dieu*），格拉斯出版社（Grasset），1980 年，第 334 页。

② “在思想的内部，我们不可能完成这样的东西，它能够准备或有助于对在信仰和恩典中到来之事进行规定。如果信仰以此方式召唤我，我将关闭我的作坊。当然，在信仰之维的内部，人们还继续思考，但是思想本身已不再有其任务。”在霍夫根斯玛尔（Hofgeismar）的福音学院（l'Académie évangélique）所作的会议报告，1953 年 12 月，J. 格赖施翻译，载《海德格尔与上帝问题》，第 335 页。

文——这一次毫无戏仿之意。[①]

这个题目就其语法与用语而言在今天显得有点不合时宜，似乎它要把我们带回那个人们还以西塞罗式风格的拉丁组词模式（*De spiritu*）撰写体系性论著的时代；而那被称为十八世纪法国唯物主义或随后若干世纪的法国唯灵论（le spirtualisme）[②]的东西，则在这方面建立起了我们教育修辞学

① 既然所有的讨论都被火包围着，我就简略地回顾一下：在国王撤销了爱尔维修（Helvétius）《论精神》（*De l'esprit*）一书的特权以及教皇克莱芒十三世禁止它的任何语言的读本之后，该书经巴黎最高法院判决于 1759 年 2 月 10 日在法院的大楼梯下被焚。人们都知道作者的第二次撤回——这或多或少是真诚的。我从其中引几句，它们与我们此处所处理的问题并非没有关联，尽管是极其间接的："……我既不想伤害灵魂的本性，也不想伤害它的起源、它的精神性，正如我相信我在这部著作的许多地方已经突出的那样：我从没有想要攻击基督教的任何真理，我真诚地信奉它的完全严格的教义和道义，而且我非常荣耀地把我所有的思想、所有的观点和我存在的全部才能都归之于它。无疑，所有不与其精神相一致的东西都不可能是真的。"

大家也知道，卢梭既不同意爱尔维修也不同意他的迫害者。仍然是火："在若干年以前，在一本著名的书（《论精神》）首次面世时，我曾决定抨击它的那些我认为危险的原则。当我得知作者被起诉时，我正在撰写有关的抨击文字。在那一刻我立即把手中的稿纸投入火中，我认为任何义务都不能让人有权卑鄙地与大众联合在一起去攻击一个被压迫的有荣誉的人。当一切都平静下来以后，我仍有机会在其他著作中诉说我对这同一个问题的情感；但是我这样做时既没有提到这本书也没有提到作者。"（《山中书简》[*Lettres de la Montagne*]，1764 年。）

从精神中来——到火中去（de l'esprit-au feu）：既然这可以作为这条注释的小标题，就让我们想想那些具有自由精神的异教徒们吧。《简单灵魂的镜子》（*Mirouer des simples âmes*）的作者玛格丽特 · 德波雷特（Marguerite de Porette）于 1310 年被施以火刑。人们也焚毁了朗泰（*Ranters*）（演讲者）的著作，与之相应，在十七世纪的英格兰，人们承受着与几个世纪前针对自由精神的相同的控诉。参见：诺尔曼 · 科恩（Norman Cohn）：《〈启示录〉的狂热者》（*Les fanatiques de l'Apocalypse*），帕约（Payot）出版社译本，1983 年，第158 页。

② 这里按通常译法译为"唯灵论"。但要注意它与"精神"（esprit）的关系。——译者

的最美的典范。这种不合时宜的形式，《论精神》这个标题的挑衅性的“返古”(rétro)，在这次会议的风景中甚至还要显得更为异乎寻常：既是由于风格的原因(在它里面没有一点东西能让人想起海德格尔的风格)，同时也是由于——如果我能这么说的话——语义的原因：精神，至少表面上，并不是海德格尔的一个重要词语。这不是他的主题。他可能恰恰懂得避免它。谁敢猜疑海德格尔那里会有这样的形而上学——唯物论或唯灵论？这种构成了法国传统——而这种传统本身已经如此持久地在我们的哲学机构上留下了标记——的最美好的时光和强大环节的形而上学？

由于这种猜疑显得荒谬，由于它在自己身上蕴含某种不可容忍的东西，也可能是由于它走向的是海德格尔的道路、论说和历史中最让人不安的地方，所以人们在一项让自己从头到尾都受精神本身磁化的工作中避免谈论精神(*de l'esprit*)。

这个主题，精神——我将立刻表明它在这条思想道路上占据着一个主要的和明显的位置——竟应被从[海德格尔的]遗产中剥夺，这难道不值得注意吗？在整个海德格尔学派中，无论是正统的还是异端的，是新海德格尔主义者还是准海德格尔主义者，是门徒还是专家，都没有人再对这个主题感兴趣。从没有人谈起过海德格尔作品中的精神。更甚的是：甚至连专业的反海德格尔主义者也对精神这个论题不感兴趣，哪怕是为了宣布废除它。为什么？究竟是怎么回事？

人们由此要避免什么？为什么遗产中有这个筛子，这个歧视？为什么在对遗赠的拒绝本身中，*Geist* 也没有在存在、*Dasein*[此在、缘在等]、时间、世界、历史、存在论差异、*Ereignis*[①] 等宏大主题和词汇旁边占有它应得的一席之地？

或许有必要冒一下古典学院派的风险，以便标明法语的维度(同时也让它保持开放，因为我现在并不想处理它)、标明这个法-德年：在其中，我们通过这次讨论会来确定海德格尔的位置(*situons*)；而这次讨论会也是一种着眼于此位置(lieu)而把“诸问题”保持于“开放”之中的 *Erörterung*。[②]《论精神》(*De l'esprit*)是一个非常法语式的标题，对于理解 *Geist* 之 *geistige* 与 *geistliche* 来说太法语了。但是正好，人们可以用德语来更好地理解它。或许，无论如何我们都将对于它的德语性有更恰当的感受，如果我们让它从一个陌生的语言那里发出回声，以便让它经受翻译的考验；或者毋宁说，如果我们让它对于翻译的抵制经受考验；以及，如果我们把自己的语言置于同样的考验之下。

---

① Ereignis，海德格尔后期哲学中的一个基本词语，有“本有”、“大道”、“缘构发生”等译名。——译者

② Erörterung：意为“讨论、探讨”，其动词形式为 erörteren。海德格尔常将其与词根“Ort”(位置、场所)联系起来考掘其意，将其理解为对一个位置或场所的“指示”、“留意”。请参见“Die Sprache im Gedicht”，in：*Unterwegs zur Sprache*，Verlag Günther Neske，1959，p. 37；“诗歌中的语言”，《在通向语言的途中》，孙周兴译，商务印书馆，2004 年，第 29 页。——译者

且把这种必然性搁置一旁。我不会指望用一个引言或前言来对我的主题作基本辩护。然而这里有三个先行论证。

首先是关于这种本质的解释的必然性，关于这些语言——德语与罗马(Rome)、德语与拉丁语，甚至德语与希腊语——之间的争辩的必然性，关于在 *pneuma*、*spiritus* 和 *Geist* 之间的作为 *Auseinandersetzung* 的 *Übersetzung* 的必然性。①*Geist* 在某个时刻不再允许自己被 *pneuma* 和 *spiritus* 所翻译。"告诉我关于翻译你是怎么想的，我就会告诉你你是谁"，海德格尔在提到索福克勒斯的《安提戈涅》时曾如是提醒。②在《论精

---

① 这一句中的 pneuma 是希腊语，本义是"呼吸"，在阿那克西美尼的哲学中被认为是万物的本原，在后期希腊哲学的斯多亚学派中被解释成"决定人的感觉、情感、理智、意志的灵魂"，后来黑格尔直接将它翻译为德语的"精神"(Geist)(见汪子嵩、范明生、陈村富、姚介厚著《希腊哲学史》第一卷，人民出版社，1997 年，第 229—230 页)。而在基督教哲学的语境中，它又可以指"圣灵"。海德格尔曾经认为它与 Geist 说的是同一回事，并因此赋予希腊语与德语以同样的特权，但后来又认为它还没有达到 Geist。它们之间在海德格尔那里的关系，正是德里达在本书中要思考和解构的。spiritus 是拉丁语，也是"呼吸"、"精神"等义。Auseinandersetzung，德语，意为"解释、阐明、分析、讨论、交换意见、争论、辩论"等。由 auseinander 和 setzung 两部分组成：前者在和动词构成的复合词中表示"分开、分散、分裂、开启"等意；后者是动词 setzen 的名词形式，意为"安放、确立、规定、确定、用……打赌或作赌注"等。Übersetzung，德语，是动词 übersetzen 的名词形式，同时有"摆渡"和"翻译"两种含义。——译者

② "*Sage mir, was du vom Übersetzung hältst, und ich sage dir wer du bist.*"紧接着立刻就涉及"*deinon*"的翻译(这个翻译本身就很"*deinon*")："furchtbar"[可怕的]、"gewaltig"[强大的]、"ungewöhnlich"[不寻常的]，以及——以某种不太"正确"但更"真实的"方式，海德格尔说——"unheimlich"[阴森可怕的、不在家的](*Die Bedeutung des deinon*[《deinon 的含义》]，《海德格尔全集》第 53 卷，第 74 页及以下)。我提及这段文字是因为 *deinon* 之谜把它的标记留在了所有那些我们应当触及的文本上。

神》这个标题下，法语-拉丁语的“论”（*de*）也以其研究性的甚至论著性的古典形式表明，我希望探讨在海德格尔那里的精神，在他那里的概念和词语，在他那里的 *Geist*、*geistig* 和 *geistlich* 这些术语。我将开始适度追踪[这些术语的]历程、功能、构成、受控制的变形、预设以及目的。这项预备性的工作还没有被系统展开过，就我所知而言，或许甚至还没有被隐约看到。这样一种沉默并不是无意义的。这一点并不只是来自这样一个事实：尽管关于精神的词汇在海德格尔那里要比人们认为的更为丰富，但海德格尔从来没有使它成为一个长期展开的沉思的题目或主题，成为一本书、一次讨论会甚至一个报告的题目或主题。然而，我将尝试表明，那因此在海德格尔对于精神的祈求中始终未被追问的东西，正是那在其最超乎寻常的展现中的力量本身——比一击之力更多(plus qu'un coup de force)。在其德语语言中，精神或精神性的这个主题又恢复了一种超乎寻常的权威(autorité)。这个主题并没有出现在舞台的前台，但恰恰是在这个意义上，它似乎逃避了一切拆解（destruction）或解构(déconstruction)，仿佛它并不属于存在论的历史——而这将恰恰是问题之所在。

另一方面——这是第二个论证，这个主题被有规律地铭刻在那些高度政治性的语境中，被铭刻在那样一些时刻：在这些时刻，思想比已往任何时候都更多地沉迷于我们称为历史、语言、民族、*Geschlecht*[①]、希腊语或德语这样的东西中。这组词汇，我们没有权利将它们称为唯灵论的(spiritualiste)，甚至也没有权利称之为精神性的(spirituel)——我可以冒险称之为精神的(spiritual)[②]吗？——海德格尔在1933—1935年间，尤其是在《大学校长就职演说》和《形而上学导论》中，然后又以另外一种方式在《尼采》中，大量地提取它们。但是在随后的二十年间，除去我将要分析的一个转折外，这同一组词汇又吸引了比如关于谢林、荷尔德林尤其是特拉克尔的讨论课或写作。在这里，它们甚至获得了一种并非毫无新意的主题的价值。

最后，这是我的第三个预备性论证：如果关于 *Geist* 或 *geistig* 与 *geistlich* 之间的差异的思想既不是主题性的也不是

---

① Geschlecht，德语，有"性(别)、种属、种、家族、宗族、世代、代、后裔、姓"等多重含义。它在海德格尔哲学中也是一个重要词语，德里达曾经先后发表了一系列关于"Geschlecht"的文字：如"Geschlecht：性别差异、存在论差异"(1983)、"Geschlecht II：海德格尔的手"(1987)(都收入《心灵》)等。亦可参见下一章开头部分。——译者

② Spirituel是l'esprit的形容词形式，有"精神上的、心灵的、宗教的、才智横溢的"等义；而spiritual原来是美国英语，在法语中一般是名词，指"美国黑人唱的圣歌"。德里达在这里也把它作为l'esprit的一种形容词形式，以区别于spirituel，"冒险"用来刻画上文提到的海德格尔文本中的"历史、语言、民族、*Geschlecht*、希腊语或德语这样的东西"的本质规定性，我们勉强译为"精神的"。尽管spirituel在神学语境中经常被翻译成"灵修的"，但在这本书的后面大部分内容中，德里达主要还是用它来"同时"翻译海德格尔的geistig和geistlich(这也给我们的翻译和理解造成了极大的困难)。既然我们把Geist和l'esprit译为"精神"，那么我还是把它译为"精神性的"，以便能让读者直观到二者之间的联系。——译者

非主题性的，如果它的模态因此需要另外一种范畴，那么它就不只是被铭刻在那些高度政治性的语境中，如我刚刚过快地且多少是按照惯例所说的那样。或许它还对政治之为政治的意义本身起着决定作用。无论如何，它将会确定这样一种决定的位置，如果这种决定是可能的话。由此而来的是它相对于那些我们称为有关政治家或政治的问题的优先性，那几乎还看不见的优先性；在今天，围绕着海德格尔，这些关于政治家或政治的问题正激起如此多的争论——在法国无疑是以有所更新的方式，这尤其要归功于拉库-拉巴尔特(Lacoue-Labarthe)——这些争论都发生在这样一些地方，在这里，关于政治家或政治的问题与下面这些宏大问题紧密相关：存在与真理的问题、历史问题、*Ereignis* 的问题、海德格尔的思想或非思想的问题，或者——我总是更愿意用复数来表达——海德格尔的诸种思想或诸种非思想的问题。

第二章

开放的问题，[①]我想起这个为此次讨论会所提出的副标题。因此在真正开始之前，我必须就那些在今天对我来说是开放的问题说几句：被海德格尔所打开而且是关于海德格尔的问题。这将允许我对下述经济或策略加以描述：该经济或策略在今天，在我阅读的某个时刻，在对于我来说无疑是最为犹豫不决和最不知所措的时刻，强迫我选择了这个主题。这些评论，尽管都还是预备性的，或许仍将照亮接下来的道路。

这种对于 *Geist* 的关注，不久前曾在我对黑格尔的阅读中给我以指引。[②]今天，它又被我近年在一个关于哲学的民族性和民族主义的讨论班上一直进行着的一项研究所唤起。在这项研究中，海德格尔的某些文本常常构成考验本身。它们自己也要经受考验，尤其是在涉及语言与位置（lieu）之时。在进行这项工作的同时（围绕此项工作，我已在"*Geschlecht*、性别、存在论差异"的标题下发表了一篇简短的前言)，我也试图追踪 *Geschlecht* 这个具有可怕多义性且几乎不可翻译(种族、世系、始祖、生成、性[别])的词在有关特拉克尔的文本(载《在通向语言的途中》)里的踪迹与所起的关键作用。现在人们在这个文本中遇到一个被海德格尔认为是决定性的区分，即 *geistig* 与 *geistlich* 的区分，接着是 *geistlich* 这个词内部的一个独特的分化。自然，我想回到这个区分和这个分化，它们在海德格尔道路的这个阶段上构成了关于 *Geschlecht* 的思想。

另一方面，还是在同一个讨论班内，一种对《蒂迈欧篇》尤其是其中与 *chora*[③] 有关的内容的尽可能耐心的阅读，在我看来至少使海德格尔在《形而上学导论》中对上述内容提出的阐释变得可疑。于是在这个范例的基础上，就可以展开和提出一些其他问题。这些问题涉及对存在-神学之历史的一般阐释，或者涉及我将称为关于 *Destruktion*[拆解]和总体的时代图式(schème épochal en général)的公理系统

---

① Questions ouvertes，也可译为"被打开了的问题"。——译者

② "矿井与金字塔。黑格尔符号学导论"("Le puits et la pyramide. Introduction à la sémiologie de Hegel")，载《哲学的边缘》(*Marges-de la philosophie*)(子夜出版社，1972 年)。《丧钟》(*Glas*)(伽利略出版社，1974 年)把这个词和黑格尔那里的 *Geist* 概念当作它的最明确的主题来处理。

③ Chora，希腊文，原义是"空间，地方，地点，位置"等。柏拉图《蒂迈欧篇》中的一个基本概念，指"接受器"，是创造者用来创造宇宙的三种本原之一。德里达曾以此为题专门写过一本书来探讨它，见：*Khôra*，伽利略出版社，1993 年。——译者

(*axiomatique*)的东西——用海德格尔可能已经拒绝而我自己出于暂时的便利而仍然使用的一个词。但是对公理系统这个词的使用，只是从这个时代图式本身的角度出发才是可疑的。因此我们并不坚持预先就禁止海德格尔规定要废除的东西。为什么不毫不动摇地质疑这种规定和这种废除呢？

去年，为了准备在埃塞克斯(Essex)大学举行的另外一场关于海德格尔的会议(今天在场的大卫·克雷尔[David Krell]主持了那次会议，你们中的一些人也参与了)，我在耶鲁曾与一些美国朋友举办过一个私人讨论班。[①]在回应他们的问题或建议时，我曾试图对那种在我看来仍然是悬而未决的、未确定的、处于动荡中的东西作出规定，因此也就是对海德格尔文本中的那种至少对于我来说是将来临(*à venir*)的东西作出规定。我区分了四条引导性的线索，并因此在那次于埃塞克斯大学所做的报告的结尾不得不思索：是什么把这四条线索聚集在一起？是什么把它们交织在一起？这个*Geflecht*[交织]的纽结究竟是什么？如果至少有一个纽结，一个唯一的和单纯的纽结的话——这一点从来都不确定——那么上述问题甚至就是那最终的问题，或那总是倒数第二的问题。

---

① 他们是托马斯·基南(Thomas Keenan)、托马斯·莱文(Thomas Levin)、托马斯·佩珀(Thomas Pepper)、安德载耶·沃敏斯基(Andrzej Warminski)。我在此要表达对他们的感谢。这本书献给他们，以及亚历山大·伽西亚·杜特曼(Garcia Düttmann)，同时为了纪念"谢林"。

下面就是那条我今天想提交给你们加以检验的假设。追随着海德格尔的精神之物的踪迹(la trace le spiritual heideggerien),或许并不能使我们接近这个纽结的中心点——我相信并没有这样一个中心点——但还是能使我们接近这样一种东西:它把一种关节状的对抗重新聚集在这种东西的最为经济的扭力之中。我将在结论中解释为什么我出于礼貌而作为假设提出的东西必然会被证实。我知道这条假设是真实的,就好像是预先知道。对它的证实对我来说既悖谬又命定。这里关涉到的是对于海德格尔而言的真理的真理,这种真理的重言式(la tautologie)甚至还无须得到揭示或发明。它属于彼岸,属于一切问题的可能性,属于一切问题中的不可追问者本身。*Geist* 对于海德格尔来说是**太一**(l'Un)的别名,是 *Versammlung*[聚集]的别名,是采集与聚拢行为的诸多名称之一——我们将很快证实这一点——就此而言,它可以把这种交织聚集起来。

这四条线索中的第一条线索恰好通向问题(la *question*),通向问题的问题,通向 *Fragen*[问题、追问]之显然是绝对且久未被追问的优先性,通向形式的优先性、本质的优先性,以及本质上追问着的尊严之优先性,最终,通向思想的优先性或思之道路的优先性。我们将看到,在某些时刻,海德格尔区分了追问(le *questionner*)、索问(le *demander*)或探问(l'*interroger*)这些不同的模态,甚至还分析了诸如“为什么为什么”一类问题中的反思性重复。但是在我看来，他几乎从未停止过把思想之至高、至善，与问题、决定、对问题之召唤或守护——这种思之“虔诚”（piété）①——等同起来。这种决定、召唤或守护，已经是问题了吗？还是问题吗？关这种“虔诚”何事？为什么几乎从未[成为问题]？在此我们必须耐心。因而我希望能够理解，追问本身的这种优先性在何种程度上一直处于保护之中。恰当地说，不是处于问题的保护之中，也不是处于关于未思之思想的保护之中，这种未思之思想再次回到了海德格尔式的对未-思（l'im-pensé）的规定（对于每一个伟大的思想家来说，都有一个单独且唯一的思想，因此有一个未-思对于他来说也是单纯的东西，而此未-思[*un*-gedacht]只有在下述意义上，即：非否定的方式下才是未-思的[un-*gedacht*]；②因此就依然还有一种思想，正如语调、重读、划线这些我刚刚谈及的避免或不避免的模式所标

---

① “*Denn das Fragen ist die Frömmigkeit des Denkens*”：“因为追问乃思之虔诚。”这是 *Die Frage nach der Techink*（“技术的追问”）（1953）（载 *Vorträge und Aufsätze*，《演讲与论文集》）的最后一句。在稍前一点，海德格尔刚刚以某种方式规定了他对“虔诚的”（*fromm*）一词的理解。由于在当时艺术除 *tekhnè* 外还没有其他名字，所以关于艺术，海德格尔写道：“它是唯一的、多重的解蔽（*einziges*，*vielfältiges Entbergen*）。它是虔诚的（*fromm*），是 *promos* [它第一个到来，很敏锐]，也即是顺从于真理的统治和守护（*fügsam dem Walten und Verwahren der Wahrheit*）。”（第38页）

② “未-思，在一种思中，并不是一种属于思的缺乏。未-思每一次都不是诸如它未[被]-思时的东西。” [《何谓思？》（1954），A. 贝克（A. Becker）和 G. 格拉内尔（G. Granel）译，法国大学出版社（PUF），1959 年，第 118 页。] 关于此点请参阅“撤回”（“Désistance”），载《心灵》，第 615 页及以下。

明的那样)。因此，不是处于问题的保护之中，而是处于其他事物的保护之中。于是我将试图表明，*Geist* 或许就是海德格尔在一切其他名字之外赋予问题的这种未被追问的可能性的名字。

第二条线索通向——尤其在技术的重要问题中——下面这样一个典型且范例性的说法：技术的本质不是技术。这个基本说法至少在它的某一方面从传统来看仍是哲学的。它维护追问着的思的可能性(这种思总是对本质之思)免遭任何由技术造成的本源的和本质的污染(contamination)。因此这里的关键就在于去分析那种对严格的非污染的欲望；从而，或许还要在于去正视污染(这个词对我极为重要)的可能性——人们可能会说命定性(la fatalité)，以及一种凭借技术而对思想或话语所造成本源玷污的联系(un contact)的必然性或命定性。因此，由技术造成的对本质之思的污染，技术对技术之可思本质的污染——甚至是技术对技术问题的污染，而问题的优先性总已经与技术的这种不可还原性有着某种关系。很容易想象，这种必然性的后果是无法限制的。然而我将试图表明，*Geist* 也命名着海德格尔想从一切剥夺(*Entmachtung*)中拯救出来的东西。或许甚至正是它本身——它超出那必须被拯救者之外——在进行拯救(*rettet*)。然而那进行拯救者却不会让自己被从这种污染中拯救出来。在此，这些事情将在 *Geistigkeit* 与 *Geist* 的某种(非基督教的) *Geistlichkeit* 之间的差异中发生；而对于 *Geist* 的纯洁性，一种内在于精神的纯洁性，海德格尔则试图予以拯救，尽管他认识到恶（*das Böse*）也是精神性的（*geistlich*）。

第三条线索再次通向那样一种东西：这种东西对于我来说始终是一种相当古老的不安，一种总是强烈的怀疑，无论是关涉到海德格尔抑或其他人。这与有关动物性的论说、与那或明言或未明言地控制着这种论说的公理系统有关。长期以来，[①]我已多次提及这一主题。三年前，在围绕 *Geschlecht* 的工作过程中，以及在一次你们中的某些人所知道[②]的演讲中，我已经就海德格尔关于手的论说作了长篇分析，它包括这种论说于其中出现的任何地方：无论这种论说是以主题化的方式出现于其中的 *Was heisst Denken*［何谓思？］这样的段落（猴子具有［possède］抓握的器官，但只有人才"有"［"a"］手；或者毋宁说：手［la main］——不是许多手［*les* mains］——主宰着人的本质），还是十年前关于巴门尼德的讨论班：这个讨论班围绕着 *pragma*［事务］、*praxis*［实践］、*pragmata*［pragma

---

① 无疑还在它是其主题之一的《丧钟》（*Glas*）之前。参见该书第 35 页、第 163 页以及其他各处。另参见《明信片》（*La carte postale*）第 502 页，以及《心灵》第 411 页。

② 在巴黎举行的讨论班，以及在洛约拉（Loyola）大学（芝加哥）举行的研讨会上的报告。内容随后以英文出版：《*Geschlecht* Ⅱ：海德格尔的手》（*Geschlecht II: Heidegger's Hand*），载《解构与哲学》（*Deconstruction and Philosophy*），约翰·萨利斯（John Sallis）编，芝加哥大学出版社，1987 年。这个报告的法文版同时发表在《心灵》中。

的复数]等展开沉思。后面这些词语是作为 *vorhandene* 或者 *zuhandene*[①] 而出现的，因此是在手的领域中（*im Bereich der Hand*）。[②]这个问题仍然涉及动物与技术的关系。它尤其是通过一个在我看来是如此成问题的对立——给予（*donner*）与攫取（*prendre*）之间的对立——而产生的。这一对立把 *Was heisst Denken?*（《何谓思？》）这篇文章组织起来；它决定着把握与理性（*vernehmen*，*Vernunft*）之间的关联、话语与手之间的关联，以及在任何技术性的机械化和任何书写机器之外的作为手写文字（*Handschrift*）的文字的本质。对手的阐释，就像人的 *Dasein* 与动物的 *Dasein* 的对立一样，以一种主题的或非主题的方式，从海德格尔重提存在意义的问题开始，从他对存在-神学的拆解开始，而且首先是从重新划定 *Dasein*、*Vorhandensein*[现成存在]和 *Zuhandensein*[上手存在]的界限的生存论分析开始，就支配着海德格尔的最具连续性的论说。每当问题涉及手与动物——但是这些论题并不允许被限制——海德格尔的论说在我看来就让步于一种更加不容置疑和富有权威的修辞，因为这种修辞必须掩盖一种麻烦。于是它就让形而上学人道主义的那些最根深蒂固的（我的确认为

① Vorhanden（现成的，手头有的）与 zuhanden（上手的，到手的）都是德语，海德格尔曾将用它们来刻画存在者的两种存在方式（参见海德格尔：《存在与时间》，陈嘉映、王庆节译，熊伟校，陈嘉映修订，三联书店出版社，1999 年，第 81 页注释 2）。其词根都是“手”（Hand），故下文说“是在手的领域中”。——译者

② 《巴门尼德》（*Parmenides*），《海德格尔全集》第 54 卷，第 118 页及以下。

是最根深蒂固的）公理毫发无损地躲避在模糊性中。这尤其表现在《形而上学的基本概念》[①]一书里，该书围绕着下述几个我马上就要回到其上的引导性论题展开：石头是无世界的（*weltlos*），动物是缺乏世界的（*weltarm*），人是建造世界的（*weltbildend*）。因此，我已经尝试着去清理这些论题的隐含之义，清理它们两难的且并非隐匿不显的困难，或者它们的没完没了的准备性特征。为什么海德格尔提出这样一些命题作为"论题"（thèses），而他在其他地方实际上却从未这样做？出于一些本质的理由吗？这些由生命与世界概念开始的"论题"，它们难道不从它们那一方面影响所有那些在这里被卷入的概念吗？人们已经注意到，这些困难与 *Fragen* 的困难（动物确实不能 *Fragen*）、与技术的困难、最后再次与精神的困难联系在一起：精神与人性、精神与生命、精神与动物性之间究竟是什么关系？

最后，通过关于时代性的思想，在时代性本身之中并凭借其起作用的方式，第四条线索通向那种我将以某种方式稍带挑衅地称为隐秘的目的论和叙事秩序的东西。我一直强调 *chora* 的例子，强调某些思想的丧失权利的例子，如斯宾诺莎关于理由律的例子。但是我们将再一次看到，我们可以围绕

① 《形而上学的基本概念》（*Die Grundbegriffe der Metaphysik*），《海德格尔全集》，第 29/30 卷，第 44 节及以下。

着如下差异（让我们称为精神性内部的差异）而对时代区分进行规定，这种差异即：对精神性的（*geistig*）柏拉图-基督教的、形而上学或存在-神学的规定与关于精神性的另外一种思想（诸如在与特拉克尔的 *Gespräch*［对话］中被表达出来的那样）之间的差异：这涉及 *geistliche*，这次 *geistliche* 摆脱了它的基督教的或教会的含义，一如海德格尔希望的那样。

因此，这差不多就是当我选择谈论精神时所达到的地步。我将带着一个否定性的确定和一个假设来处理这个问题。确定是指：我并不能充分把握到最终支配着海德格尔的精神的（*spiritual*）这个术语的东西；假设是指：更多的光亮，或许火焰的暧昧的光亮，将会使我们靠近某些未思之物的纽结之处，把我们带往那四条线索相互交织之处。

勿庸置疑，这些未思之物恐怕是我的未思之物，只是我的未思之物。而有可能更严重的是，极其严重的是，它们给不出任何东西。“思想越原初，”海德格尔说，“它的**未**-思（Im-pensé）就变得越丰富。未思（l'Impensé）是思想所能给出的最高礼物（*Geschenk*）。”①

① 《何谓思？》（*Qu'appelle-t-on penser?*）法译本，第 118 页。

第三章

就我所知，海德格尔从来没有问过自己："什么是精神？"至少，他从来没有以他赋予如下这些问题的模式、形式以及发展过程来处理这个问题，这些问题如："为什么有某物而非一无所有？""存在是什么？""技术是什么？""何谓思？"等等。如《形而上学导论》所拒绝的那样，他更没有使精神成为下面这些重要的[对立]极之一：存在与变化、存在与显现、存在与思想、存在与应当或存在与价值，形而上学本应使它在对存在的某种限制（*Beschränkung*）中与存在相对立。他也尤其没有把精神与自然相对立，哪怕是辩证地对立，按照最强有力和最持久的形而上学的要求。

什么叫做精神？精神召唤什么？*Was heisst der Geist*？正是这样一本书的标题，是海德格尔不曾写过的。当海德格尔的叙述指向精神时，它们很少具有对本质进行定义的形式。很少，也就是说，还有例外。而我们所感兴趣的正是这些例外，这些极其不同甚至在其内部还相互对立的例外。最常见的是，海德格尔会把其名词（*Geist*）或形容词（*geistig*，*geistlich*）铭写在下述场合：或者铭写在属于可解构的存在论之概念链条或哲学要素链条中，最常见的是在从笛卡儿到黑格尔的序列中；或者铭写在我仍要冒险称为公理性的、价值论的和价值诗学的命题之中：于是精神的（le spiritual）就不再属于形而上学的或存在-神学的含义范畴。比价值更多，精神似乎超越于解构而指示着任何解构的资源本身，以及任何评价的可能性。

因此他把什么叫做精神，*Geist*？

在 *Sein und Zeit*［《存在与时间》］中，问题首先涉及这样一个词：它的含义浸透了某种存在论的模糊性。海德格尔一方面唤回这个词，同时在这一点上又要求保持最大程度的警惕。这个词指向一系列含义，它们有一个共同的特征：与物相对立，与对物性的形而上学规定相对立，尤其与对主体的物化、对在笛卡儿式的假设中的主体之主体性的物化相对立。这就是灵魂、意识、精神、人格所组成的系列。精神不是物，不是身体。当然了，正是从这种对精神的主体规定出发，才必须要有一种划界活动（*Abgrenzung*）把对 *Dasein* 的生存论分析解救（dégager）出来，也可以说是解放出来。这种生存论分析发现自己被赋予了一个使命，去为“人是什么？”这个问题的哲学探讨作准备。必须要提醒的是，它先于（*liegt vor*，下划线为海德格尔所做）任何的生物学、人类学和心理学。人们也可以说先于任何的灵魂学(*pneumatologie*)[①]——这个黑格尔赋予理性心理学的别名，而他也把理性心理学批评为“抽象的知性形而上学”。[②]

生存论分析尤其应当标画出它与两种企图或两种诱惑之间的距离，既然人们可能会有这样一种危险：在毋宁说会有跳跃、断裂的地方，在任何情况下都会从根本上成问题的地方看到一种谱系。

一方面，如果人们把笛卡儿的我思看作是好的历史范本，看作是打开通往生存论分析之道路的范例性先驱，人们就会误入歧途——这会是 *irreführend*[误导]。生存论分析提出 *sum*[我在]的存在论问题，而笛卡儿很可能完全把 *sum* 遗留在了问题之外或位置之外(*völlig unerörtet*[③])。为了随后确定它

---

① Pneumatologie，其词根是希腊文 pneuma，一般在基督教神学的语境中也被译为“圣灵学”，这里译为“灵魂学”，是参照杨祖陶先生的译法，见黑格尔：《精神哲学》，杨祖陶译，人民出版社，2006 年，第 3 页。下文将视语境译为“圣灵学”或“灵魂学”。——译者

② 《精神哲学》“导言”(*Introduction à la Philosophie de l'esprit*)，见《哲学全书纲要》(*l'Encyclopédie des sciences philosophiques en abrégé*)，第 378 节，M · 德冈迪亚克(M. de Gandillac)翻译，巴黎：伽里玛出版社(Gallimard)，第 349 页。在同一篇导言中，黑格尔把精神的本质规定为自由，并在其形式规定性中把它规定为忍受无限痛苦的能力。为了预知后面对于海德格尔来说将会就精神、自由以及恶谈论些什么，我相信必须引述下面这段文字：“因此，精神的本质从形式上看就是自由，即概念的作为自身同一性的绝对否定性。依据这个形式的规定，精神能够从一切外在东西和它自己的外在性、它的定在本身抽象出来；它能够忍受对其个体的直接性的否定，而且能够自为地是同一的。这种可能性是精神自身内抽象的、自为存在着的普遍性。”(第 382 节，法译本，第 352 页)[此段中译引自杨祖陶译黑格尔的《精神哲学》，人民出版社，2006 年，第 19—20 页。——译者]

③ 海德格尔：《存在与时间》(*Sein und Zeit*)，马克斯 · 尼迈耶尔出版社(Max Niemeyer Verlag Tübingen)，1986 年，第 10 节，第 46 页。

的所思（*cogitationes*）的存在模式，本该必须先对 *sum* 的存在进行规定。如果像笛卡儿可能已经做的那样，一开始就从一个直接被给予的自我和主体出发，我们就会错失 *Dasein* 的现象性。[①]这种指责也同样针对着精神现象学，并且暗中指向超越论现象学和胡塞尔的我思。只要我们还没有对主体观念进行存在论的澄清，那么它就将继续具有 *subjectum* 或 *hypokeimenon*[②] 的地位（*Ansatz*），因此具有某种实体（substance）或基质（substrat）的地位，即使人们——只在存在者的层次上——反对那种可以称为"灵魂实体"的东西，反对那种心灵的实体主义或对意识的任何物化（*Verdinglichung des Bewusstseins*[③]）。因为为了拒绝物化或实体化这种在 *Sein und Zeit* 的时代的流行做法，仍必须对人们就"物"、实在或物性（*Dinglichkeit*）所理解的东西的存在论来源进行澄清。如果没有澄清物性的存在论来源，更不必说实体性的存在论来源，那么人们在谈论主体、灵魂、意识、精神、人格等等的非物化的存在（*dem nichtverdinglichten Sein*）时"从正面"（*positivement*）理解到的任何东西，在存在论上都将是成问题的。在这个系列中，海德

① 海德格尔：《存在与时间》，马克斯·尼迈耶尔出版社，1986 年，第 10 节，第 46 页。

② subjectum 是拉丁语，hypokeimenon 是古希腊语，二者意思一样，本义都是"在下面的支撑物"，在哲学上指"基质"或"实体"，后来的主体（subject，sujet）即源于此。——译者

③ 《存在与时间》德文版，第 10 节，第 46 页。

格尔已经加上了我（*je*）和理性。不消说，无意识属于同样的一族。这是在更早的第六节中，题为"对存在论历史进行解构（*Destruktion*）的任务[①]"。

Geist 因此就属于非-物系列，属于人们一般认为与物相对立的东西。正是它绝不以任何方式让自己物化。但是，只要人们就物所理解的东西的存在没有从存在论上得到澄清——这一点看起来既没有被笛卡儿做到，也没有被胡塞尔做到，亦未被任何可能已经建议我们不要对主体、灵魂、意识、精神、人格进行物化的人做到——那么这些概念就仍然是成问题的或独断的。至少从对 *Dasein* 的生存论分析这个角度来看，它们依然如此。所有这些词，因此也包括"精神"这个词，当然都可以指示一门现象学能够探讨的现象性的某些领域。但是人们不能这样使用这些词，好像对这些存在者中的任何一个的所有存在问题都无动于衷。

因此，这些术语在对 *Dasein* 的分析中（这种分析力图对我们自己所是的那种存在者进行规定）就没有任何权利。于是海德格尔宣布：他将避免（*vermeiden*）它们。为了言说我们是什么和我们是谁，看来必须要避免所有这些属于主体的（*subjective*）或主观的（*subjectale*）系列概念：尤其是精神的概念（《存在与时间》第 46 页）。

---

① 尤其见第 22 页。

然而，我们是谁？在此请不要忘记，我们首先是而且只是从向存在问题开放而来才获得规定。即使存在应当为此之故被给予我们，我们也只是在这一点上是追问的权能（le pouvoir-questionner）或不如说可能性，是追问的经验。而且，我们从“我们”那里也只知道这一点。

我们刚才一直在谈论问题。那么，恰恰是我们所是的这种存在者，恰恰是这个在生存论分析的开头除去 *Da-sein* 外不该有其他名字的“我们”，恰恰是它为了存在问题而被选为范例性的存在者；而它之被如此选择，又只是从问题的经验而来，从 *Fragen* 的可能性而来，一如这种可能性被铭刻在由 *Gefragte*（存在）、*Erfragte*（存在的意义）和 *Befragte der Seinsfrage*[①]（亦即我们所是的存在者，对于解读［lecture］——这是海德格尔的词语——存在的意义来说，这种存在者因此就变成范例性的或被赋予优先性的存在者）所组成的网络之中。生存论分析的出发点首先是而且只是从 *Fragen* 的可能性、经验、结构及其诸种受制约的变样而来才被证明为合法的。这就是我们所是的那种存在者的范例性，处于 *Mitsein*［共在］的这种语境中的我们自己的范例性。在 *Mitsein* 中，我们能够对我们自己以及其他人说我们。这种范例性可以变得

① Gefragte、Erfragte 和 Befragte 在《存在与时间》中译本中分别被译作“问之所问”、“问之何所以问”与“被问及的东西”。见海德格尔：《存在与时间》，中译本，第 6 页。——译者

有问题或一直是成问题的(problématique)。但是这一点不应该掩盖一种还要更不明显的可疑性(problématicité),确切地说,这种可疑性或许甚至不再是一种可疑性。它甚至不能被规定为问题(question)或疑问(poblème)。因为它在一种对问题(更好地说是对 *Fragen*)及其结构要素的反思中恰恰处在出发点上。若不对它予以先行且循环的确认,如何追问[*Fragen* 的可能性]在 *Fragen* 结构中的这种铭刻? *Dasein* 在从这种结构中获得其优先性(*Vorrang*)的同时将已经获得其首要的、最小的而又最为确定的规定性。即使假定海德格尔已经恰当地描述了这种结构(这一点并不确定,不过我暂且将它搁置一边),但是,对追问权能的反思的这样一种出发点,它所具有的公理般的合法性或必然性所引起的任何不安都既会让生存论分析的原则受到触动,也会让它的秩序、最终它的旨趣受到触动:用 *Sein und Zeit* 的三个词语说。因此,人们就会把海德格尔自己说过的话掉转过来反对他:无论是多么临时的分析,它总已经要求确保一个恰当的出发点了。[①]

我对这个处于 *Fragen* 之可能性中的出发点的坚持,并不只是出于我一开始指出的那些理由。几年后,当对精神的参照不再是在 *Destruktion* 的论说和 *Dasein* 的分析中被把握时,当 *Geist* 和 *geistig* 这些词语不再被避免而毋宁说是被颂扬

① 《存在与时间》德文版,第 9 节,第 43 页。

时，精神本身之被规定就是由问题的这种显现和力量来进行了。因此是问题的这种显现和力量在进行规定，在 *Sein und Zeit* 中那些同样的词语正是以问题之名而被避免。当他那时说应当避免那些词语时，海德格尔有理由强调他并不是出于任意、出于对术语的独特性的迷恋或操心而这样做。[①]这一系列术语，精神(但也包括灵魂或心灵)、意识、自我、理性、主体——海德格尔还补充了生命与人——阻碍着对 *Dasein* 的存在的任何探问。它们全都与对 *subjectum* 的笛卡儿式的立场紧密相联，正如无意识也可能如此的那样。甚至，在它们激发起那些关于主体之非物化的宏论的现代性的时候，它们——尤其是生命或人这些术语——仍标志着一种对我们所是之存在者的存在问题的漠不关心(désintérêt)和无所谓(indifférence)，一种显著的“不需要”(*Bedürfnislosigkeit*)。

每当我们在这种语境和这样的系列中遇到“精神”这个词，根据海德格尔，我们就应该在其中认识到那种同样的无所谓：不仅是对存在一般的问题的无所谓，而且还是对我们所是的存在者的存在问题的无所谓，更确切地说，对 *Dasein* 的那种 *Jemeinigkeit*[向来我属性]、那种总是-我的-存在(être-toujours-mien)的无所谓；而 *Dasein* 首先并不指向一个我(*moi*)或一个自我(*ego*)，而且它已经为最初参考笛卡儿——

① 《存在与时间》德文版，第 10 节，第 46 页。

谨慎的且最终是否定性的参考作了辩护。我的存在(l'être-mien)使得 *Dasein* 不再是作为 *Vorhandene* 的存在之属中的一种情况或一例，而是完全不同的事物。事实上，是什么刻画了 *Vorhandensein* 的特征？喏，确切地说，就是它对其本己存在、对其本己所是之物无所谓这个事实。这种无所谓把它与 *Dasein* 区分开来，后者为其自己而对自己的存在有所操心。真正说来，对于作为 *Vorhandene* 的存在者来说，它的存在甚至都不能说是无所谓的(*gleichgültig*)。我们不能不以拟人论的方式说：石头对它的存在无所谓。它既不是无所谓的也不是有所谓的(*weder gleichgültig noch ungleichgültig*)。海德格尔没有在这一点上(§9)、也没有根据这些范畴来考虑那属于动物的东西。无疑他这样做时会有若干困难，但我们马上再回来。相反，就 *Dasein* 而言我们则可以有意义地说：它能够对它的存在问题无所谓，而这恰恰是因为它不是这样的，因为它也能不是这样。在此，它的无所谓只是它的有所谓的一种模态化。对于它来说，它的我的存在(l'être-mien)只有通过诉诸人称代词(我是[在]、你是[在])才能转入论说之中，无所谓(这次是 *Indifferenz*，而非 *Gleichgültig*)仍是它与其本己存在发生关联或对之关切的一种方式，对之并非无所谓的一种方式。后面的这种对其本己存在的无所谓(*Indifferenz*)一点也不是石头或桌子的那种对其本己存在的无所谓。它标志着 *Dasein* 的日常状态，标志着那在日常状态中把一切都导向平均状态的东西，海德格尔否认要把这种 *Durchschnittlichkeit*［平均状态］揭露为一种消极现象。在这种情形中的无所谓“并不是无”而是一种“积极的现象特征”。

于是下面就是那三类无所谓。首先，是 *vorhandene*［现成］存在者的绝对的无所谓：石头甚至还未达到无所谓与它的对立面之间的差异。其次，是作为 *Dasein* 的积极现象的无所谓（*Indifferenz*）。第三，还有这样一种无所谓：在形而上学历史中，比如从笛卡儿以来，它表现为那种引人注目的 *Bedürfnislosigkeit*，*nach dem Sein… zu fragen*[①]，那种对存在进行追问的需要的缺乏。首先是对它的本己存在的追问，对我们所是的那种存在者的存在的追问。这后一种无所谓无论是面对关于物（*res*，*substantia*）之物性的思想，还是面对关于主体（*hypokeimenon*）的思想，都处于一种麻痹的状态。由于这种无所谓，我们就固执在像精神、灵魂、意识、人格这些概念上。但无所谓的后两种表现之间却有一种类似性，甚至是有一种共同的可能性条件。它们必然导致对存在问题的限制，导致把 *Dasein* 的“谁”阐释为这样的一种物：该物在 *Vorhandensein* 或作为 *Vorhandensein* 的主体这类实体同一性中永存。从此，人们徒劳反对灵魂的实体性，反对意识的物化或人格的对象性，人们继续从存在论上把这个“谁”规定为

---

① 德语，即“对存在进行追问的不需要”或“不需要对存在进行追问”。——译者

在 *Vorhandenheit*[现成性]形式中的实体性的主体。于是，人们在这种情形中认识到的“精神”，本身也就受到这种实体性的主体性和这种 *Vorhandenheit* 的影响。那么，这种把“谁”弄成一个持续存在着的实体的阐释的根源何在？这就是时间的流俗概念。因此就其本身植根于这样一种时间阐释而言，精神概念必须被避免。于是在这个对此在分析的划界（*Umgrenzung*）过程中，海德格尔便把这个概念提交给了 *Destruktion*。说这种存在的本质就是“生存”（existence）——在海德格尔赋予它的意义上——这就是说“人的‘实体’并不是作为灵魂与身体之综合的精神，而是生存”。①

顺便请注意，无所谓这个概念没有提供任何方法来确定动物的位置。而后者，海德格尔在其他地方承认，当然不是一种 *Vorhandene*。因此它并不具有石头的那种绝对的无所谓，但它也没有任何与提问着的“我们”——对 *Dasein* 分析的出发点——共享的因素。它不是 *Dasein*。它是无所谓的还是有所谓的？又是在什么意义上？

因此笛卡儿并没有动摇中世纪的存在论。后者仍停留在 *ens creatum* 与 *ens infinitum* 或 *increatum* 的区分上，因此并没有探问这种 *ens* 的存在。②那被认为是哲学思想的复兴或其现

① 《存在与时间》德文版，第 25 节，第 117 页。
② ens creatum，拉丁语，“被造物”；ens infinitum，拉丁语，“无限物”；increatum，拉丁语，创造物；ens，拉丁语，“物”。——译者

代性的东西，只是“一种致命偏见的植入”，它已经推迟了一种对 *Gemüt*［情绪、情调］的存在论的和主题性的分析。①于是，在对精神的所有这种解构（*Destruktion*）的视域中——如果不说是计划中的话——看来有一项任务被规定了，即：“对 *Gemüt* 的存在论的、主题性的分析”。它在海德格尔著作中的后来的命运或变化或许应当得到追踪。在法语中有 *Gemüt* 的对应词吗？直接对应的？我没看到有。如果有一天 *Sein und Zeit* 应当被翻译的话，我不知道哪个词将会是最恰当的。伯姆（Boehm）和德瓦埃朗（de Waelhens）②知道得很清楚，必须要避免所有那些可能诱惑译者并立即使其误入歧途的法语词：esprit（精神）、âme（灵魂）、cœur（心）。于是他们就想出一个奇怪的策略，一个奇怪的解救手段：重新采用那个笛卡儿式的拉丁词—— *mens*，这个词不仅不是翻译而且还把那一直必须要避免的东西本身重新引入了这个方案。至少由 *mens* 造成的这种人为的迂回标明一种困难。它避开了最糟糕的混淆。这最糟糕的混淆会是什么？喏，正是用“精神”（esprit）来翻译 *Gemüt*，甚至正是在海德格尔恰恰在这个语境中提出要避免（*vermeiden*）这个词的

---

① 《存在与时间》德文版，第 6 节，第 25 页。

② 伯姆（Boehm）和德瓦埃朗（de Waelhens）曾经把《存在与时间》的第一部分翻译成法文出版。见：L' *Être et le temps*，巴黎：伽里玛出版社，1964 年。——译者

时候。然而马蒂诺-韦赞[①]的翻译所匆忙采用的，却正是这个词，就好像要把一切都混在一起似的。

同样的划界也明确涉及那些“精神科学”：作为精神科学的历史学，或者作为精神科学的心理学（*geisteswissenschaftliche Psychologie*），以及在狄尔泰和柏格森那里、在那些人格主义和哲学人类学中围绕着心灵（*psyché*）和生命组织起来的一切概念装置。海德格尔对这些区别一一进行梳理。但是在这同一组中他也列入了所有那些诉诸生命和意向性结构的人。无论是在胡塞尔那里还是在舍勒那里，这都同样是对人格存在进行探问的无能。人们在《现象学的基本问题》（§15）中可以发现类似的阐述。简言之，在这一点上，精神概念，精神这个概念，应当得到解构。因此所缺乏的，除去所有与把人统一起来的东西（灵魂、意识、精神与身体）有关的存在论问题之外，正是一种对 *Gemüt* 的分析。

---

① 1986年，韦赞在伯姆和德瓦埃朗的工作以及让·洛克塞鲁瓦（Jean Lauxerois）和克洛德·罗埃尔斯（Claude Roëls）所先行翻译的第二部分的基础上，把《存在与时间》全书翻译成法文出版，见：*L'Être et temps*，巴黎：伽里玛出版社，1986年。——译者

第四章

至此我们应当把 *Sein und Zeit* 重新合上了吗？那些用来对笛卡儿式的移植物的遗产加以展开的大量内容，难道没有给这些前提增添任何东西吗？难道这就是这本书关于精神这个主题的最后的话吗？

是又否。

是，乃就此而言：这些前提和解构将再也不会被重新审查，无论是在 *Sein und Zeit* 中还是在后来。

否，是因为当海德格尔沿着这种对 *Gemüt* 分析的方向已经迈步前行时，其修辞策略又发生了变化。从 *Sein und Zeit* 开始，海德格尔就重新接受价值和“精神”这个词，仅仅在引号中。因此他总是以并不采用的方式采用它，以不再避免的方式避免它。当然，这种不避免现在假设了且以后会继续维持着先前的那种划界。它并不矛盾，它确认并且更新着避免（*vermeiden*）的必然性，它将总是如此。然而，伴随着[精神]这个词，即使是被引号围住，精神的某物——无疑是那指

向 *Gemüt* 的东西——仍让自己摆脱了笛卡儿-黑格尔式的主体形而上学。“精神”一词在引号里仍命名着的某物因此获得了拯救。精神回来了。“精神”一词开始重新成为可接受的了。引号的净化把精神从其流俗的、*uneigentlich*[非本真的]、总之是拉丁-笛卡儿式的标记中解放了出来。于是在同一本书的另一端，又开始了一种[对精神的]缓慢的重新据有的工作；我希望能表明，这种工作将与一种再-德语化(re-germanisation)混合在一起。

这一次涉及的是空间与时间。

关于空间，海德格尔首先——这只是第一阶段——从避免单纯的传统精神概念开始。*Dasein* 并不是一种精神性的内在性，仿佛必须要从它之中才能派生出一种变成-空间性的(un devenir-spatial)这种第二性质。它有它本己的在-空间中-存在(*ein eigenes* “*im-Raum-sein*”)。但这一点又只有在其在-世界之中-存在一般的基础上才是可能的。我们不应当说在-一个-世界之中-存在(*das In-Sein in einer Welt*)是精神性的特性(*eine geistige Eigenschaft*)。我们也不应当说人的空间性只标志着它的身体的特征。如果人们这样说，就会重新碰到关于身体物(*Körperding*)和精神物(*Geistding*)在 *Vorhandensein* 形式中的共同存在的模糊问题。物的模糊性就依然会原封不动地保留下来。人们就会重新向一种素朴意见(*naïve Meinung*)屈服：根据这种意见，人，某种精神性的东西，只是在之后

(*nachträglich*)才被搬移、转渡、流放(*versetzt*)到一个空间中。[1]

但是在第二阶段，同样的逻辑这次又强迫向引号求助。“精神”这个词回来了，它不再被拒绝、避免，但只是在其被解构的意义上使用，以便指示出某种与它相似的他物，精神似乎是这个他物的形而上的幻影(le fantôme)，是另一个精神的精神。在引号中，人们看到一个精神的复本通过栅栏自行显示。更确切地说，在其字母中的可见的精神，依稀可辨的精神，变成了另一个精神的幽灵般的、但已然可辨的剪影。幽灵性(la spectralité)不再会是精神的一个偶性，也不再会是 *Geist* 的一个偶性，同样也不再会是物与词的一个偶性。通过笛卡儿式的形而上学的词语或者主体性的移植物的词语，如同通过一个指向它本身之外的索引，如此这般，海德格尔就将在引号中命名亦即书写(*écrire*)——以否定的、间接的、沉默的方式——某物，该物当然不是古代论说一直称为“精神”的东西，然而，在任何情况下，都尤其不是古代论说视为精神之对立面的东西：空间性的事物、外部、身体、无生命之物，等等。因此这里的关键是要指出：空间性并非突然降临到一个精神性的、然后由于身体才会落入空间中的 *Dasein* 上。相反，正是因为 *Dasein* 不是一种 *vorhandene*

① 《存在与时间》德文版，第 12 节，第 56 页。

物，它才是空间性的，但是完全不同于人们称为物理物和广延物的空间性。因此正是因为它是“精神性的”（当然这次是在引号中），它才是空间性的，它的空间性才保持为原初的。正是由于这种“精神性”（spiritualié），*Dasein* 才是具有空间的存在，海德格尔甚至强调：只是由于这样一种“精神性”。我们首先应当提醒自己注意下面这些沉默的符号，即引号与着重号：

> 也不可把 *Dasein* 的空间性解释为一种不完满，仿佛由于“精神注定要连系于一个身体”，生存就总免不了那种不完满似的。毋宁说因为 *Dasein* 是“精神性的”（“*geistig*”），并且只因为这个（*und nur deshalb*），*Dasein* 具有空间性的方式才可能是广延物体本质上始终不可能具有的方式。①

在这本书的更后面，当问题不仅涉及空间而且还涉及时间的时候，引号仍继续确保着对于“精神”一词的相同警戒。然而，尽管有类似的逻辑运动或修辞运动，但其关键之处却并不对称。现在，问题的展开属于真正的精神这个主题

① 《存在与时间》德文版，第 70 节，第 368 页（中译文转引自中译本，见海德格尔：《存在与时间》，陈嘉映、王庆节译，熊伟校，陈嘉映修订，三联书店，1999 年，第 417 页。稍有改动。——译者）。

了，更确切地说，属于黑格尔对精神与时间之关系的阐释这个主题了（§82）。如果如黑格尔所说，“本质上是精神史的历史在时间中展开自身”，因此，如果“历史的发展落入（*fällt*）时间中”，那么精神如何因此落入时间中，落入纯粹的感性之物、“非感性的感性”之物（*das unsinnliche Sinnliche*）中？为了使这种跌落是可能的，时间的本质和精神的本质都应当已经由黑格尔以某种方式阐释好了。海德格尔说，他不想对这种双重阐释进行批判，不想如此对待它，好像它只是不合自己口味似的。于是论证变得迂回曲折，值得长篇分析。必须要显示出什么？是这样一种观念：精神向时间的跌落设定了一种流俗的时间概念。正是为了“反对”（*gegen*）这种黑格尔的时间概念，反对这种流俗概念，在它的背景上才升起了本真的、本己的、非流俗的时间性，这种时间性构成了 *Sein und Zeit* 中的存在问题的超越论视域。因为黑格尔的时间概念代表着或不如说表现着（*darstellt*）——对此人们并没有予以充分注意，海德格尔说——“对流俗时间理解的最彻底的概念转化”。①

如果精神“落入”本身被规定为否定之否定的时间，那么精神也就应当将它本身表现为否定之否定。它的本质是概念，亦即当思想思考它本身时的思想的形式，是作为对非我的把握

① 《存在与时间》德文版，第82节，第428页。

(als Erfassen *des Nicht-Ich*)的自身理解(das *sich* Begreifen)，换言之，是对这种区别的把握。因此在纯粹概念中，在精神的本质中，就有一种对区别的区分(*ein Unterscheiden des Unterschieds*)。这一点恰好赋予精神的本质以某种曾被要求的规定，即形式上、命题上的规定，也就是否定之否定的规定。这正是对笛卡儿的 *cogito*[我思]的逻辑上的形式化，亦即，对作为 *cogito me cogitare rem*[对物有所思]的意识、对作为把握非我的自身把握的逻辑形式化。对精神的这种黑格尔式规定，确实仍处在笛卡儿的我思时代的命令、要求和支配之下。这个规定召唤着同样的解构。黑格尔难道没有把笛卡儿尊为哲学现代性的哥伦布吗?

如果在精神与时间之间有一种形式结构上的同一性，也就是说，否定之否定，那么一个似乎“落入”另一个，就仍有待解释。在其形式抽象中，精神与时间从其因缘关系(*Verwandtschaft*)中脱离出来，变得相互外在、脱节(*entäussert*)。但是黑格尔总是把时间流俗地设想为“被拉平了的世界时间”，而后者的起源却始终隐而不显。他依然把时间解释为一种 *Vorhandenes*，一种处在面前这里的存在者，它面对着在主体性意义上被理解的精神。时间，概念的彼在(l'être-là)，因此也是精神本质的彼在，就会在面前这里，面对着精神，外于精神，且作为它的对方(*steht sie dem Geist als ein Vorhandenes einfach gege nüber*)。于是，为了能够说精神“落入时间”，落入一种在精神面前存在、仿佛始终外在于精神、对立于（*gegenüber*）精神、以一种对-象的方式在场着的时间，我们就必须求助于这种[对时间的]流俗解释。但是，精神的这种“跌落”，亦即向一种处于它之外、但它却依然对之拥有权能的时间的“跌落”，和它在时间中的这种现实化（*Verwirklichung*），又意味着什么呢？黑格尔对此什么也没说，他一任它处于模糊之中。他更不会提出下面的问题：精神的本质构造作为否定之否定究竟是否可能？确切地说，在一种本源的而非流俗的时间化的基础上？

然而，正是在海德格尔着手解释这种本源的时间性的时候，他最终使“精神”这个词成为他自己的词汇，计有两次，但两次都是在引号中。我们刚刚说过，无论多么类似，这里的引号都不是在分析 *Dasein* 的空间性时加在“*geistig*”一词上的引号的简单对称物。这是由时间的明显的优先性决定的。根据 *Sein und Zeit* 所宣布的计划，我们知道时间构成了生存论分析的超越论境域，构成了存在的意义问题和在此语境中一切与此有关问题的超越论境域。

于是有两句话，以及两次在引号中的“*Der* ‘*Geist*’”。下面就是在第 82 节结尾处的第一句话：

> “精神”并不首先落入时间，而是作为时间性的本源的时间化（*Zeitigung*，强调）而生存（*existiert*，强调）。

时间性使世界时间时间化；而在世界时间的境域中“历史”(我强调的是：也是在引号内——德里达)才能作为时间内的演历而显现。[1]

现在，在继续让引号起作用的同时，海德格尔将对跌落进行置换。*Fallen*[跌落]将不再是从精神到时间的 *Fallen*，而是从一种本源的时间化向一种被拉平了的、非本真的、非本己的、如笛卡儿-黑格尔主义的流俗阐释所代表的那种作为 *Vorhandenes* 的时间化的下降、降落或降级。在引号中的确有一个“精神”，但是它不再落入到时间。在引号中也的确有一种“跌落”，但它造成的落入是从一种时间到另一种时间(d'un temps à l'autre)，我不敢说是从时间到时间(de temps en temps)或从时间到他物(de temps à autre)。[2]它不是从精神落入时间。而是从时间落入时间，从一种时间落入另一种时间。而如果引号中的“精神”变成时间化本身，我们也的确应该谈论从一种精神到另一种精神的跌落。在我马上要读的

---

① 此段中译文参考了《存在与时间》中译本的译文(见第 492 页)，但有改动。——译者

② 德里达在这里玩了一个语言游戏：de temps en temps 与 de temps à autre 在法语中是两个固定短语，意思都是“不时地，有时”。但其字面含义分别是“从时间到时间”和“从时间到他物”。德里达这里故意用这两个短语也是在利用其字面的含义，以与上面所说的“从一种时间到另一种时间”形成对照。故我们按照其字面义翻译这两个短语。——译者

这句话中，引号中的“*Fallen*”（引自黑格尔）便回指向 *Verfallen*［下降、沉沦］，一如后者在对 *Dasein* 的分析中被不加引号地书写的那样：

> “精神”（*Der* “*Geist*”）并不落入时间之中，而是：实际生存（*die faktische Existenz*）“跌落”（“*fällt*”），只要（*als*）它从（或者出离于，*aus*：被强调的）本源的、本己的（本真的：*ursprüngliche*，*eigentliche Zeitlichkeit*）时间性下降（*verfallende*）。但是，这种“跌落”本身在时间性的一种时间化样式——它复又属于时间性——中有其生存论的可能性。[①]

一言以蔽之，精神并不如黑格尔所说的那样落入时间。在另一种意义上，带着非要不可的引号，精神本质上是时间化。如果确像海德格尔也认为的那样，有一种跌落，那么出于某些本质的理由，正是这样一些跌落为 *Sein und Zeit* 构成了存在问题的境域本身：有一种从一种时间到另一种时间的下降（déchéance）。它既不是恶（mal）也不是一种偶然，也非偶然的恶。我们已经看到，在引号后面或里面，这种精神只是时间，而非其他。总之，精神回到时间，回到时间化的运

① 《存在与时间》德文版，第 82 节，第 436 页。

作，它让自己在自己本身内——并非像偶然地从外部那样——受到某种作为下降或 *Verfallen* 的东西的影响。当海德格尔后来坚持恶的精神性的本质的时候，我们应当能回忆起这一点。但是，那时将要涉及的是 *Geistlichkeit* 而不再是 *Geistigkeit*。这种精神性(spiritualité)将会决定 *geistlich* 一词的语义学价值，海德格尔甚至想要对 *geistlich* 进行去基督教化，尽管它通常属于教会的范畴。因此还有一条宽广的道路有待穿过。

我们现在还处在 1926—1927 年间。"精神"一词，尽管有其离散的漩涡，尽管带有某种双重性(这种双重性似乎已经在以一种无法摆脱的幽灵折磨着它)，海德格尔仍然没有把它采纳为自己的词语，他勉强收容了它。无论如何，这种敞开家门的好客，并不是没有保留的。甚至在"精神"一词被接纳时，它也是被阻止在门口，或被阻挡在门槛上，被表示区别的符号从两侧围上，被通过加引号这个步骤而置于一定距离之外。通过这种写作手法，它当然还是同一个词，但也是另一个词。为了描述这种局面，我们不妨为了方便而暂时求助一下 la *speech act theory*[言语行为理论]在使用(*usage*)与提到(*mention*)之间所作的区分。也许这并不符合海德格尔的口味，但是这里问题的关键可能也正在于要对这种区分的界限进行检验。海德格尔从使用"精神"这个词开始。更确切地说，首先是否定地使用它。他提到它的可能用法，将之作为必须被排除者。接着第二步，海德格尔把它作为自己的词语使用，但是带着引号，似乎仍是在提及别人的论说，似乎是在引用或借用一个他一心想从中造出一种另外用法的词。最重要的是这样的句子：在它之中，“用法”和“提到”之间的这种微妙的、实际上不可分的交织发生了。这个句子对[精神]这个概念进行转换(transformer)、置换(déplacer)。带着它的引号，一如带着规定这些引号的论说语境，这个句子在呼唤着一个另外的词，一种另外的称呼，除非它对这同一个词、这同一种称呼进行变异(altère)，除非它在这同一底下重新唤回他者。

第五章

这就是引号的法则。它们两两一组守卫着：在边界上或在门口，无论如何，被指派在门槛处，而这些位置又总是戏剧性的。这种布置适合于戏剧化，也适合于舞台及其布景的幻觉：两对夹子悬空勾起一道幕布，一道帷帘，或一道帘幕。不是幕布紧闭，而是半开半掩。六年了，这样一种悬而未定的状态一直持续着，把观众和片头字幕后的紧张情节全都吊在那里。接着，突然一下子——仅仅一下子而非三次——引号撤去，帘幕升起。一开场就剧情突变：这就是精神本身的登台亮相，要不然就是它还委托它的幽灵，换言之，它的 *Geist*。

六年之后的 1933 年，实际上也就是《大学校长就职演说》：帘幕撤去了，这也正是为了庆祝引号消失而举行的、充满学术庄严的盛大典礼。在后台，精神一直在等待着它的时刻。现在，轮到它现身了。它出场了。精神本身，表里如一的精神，*Geist* 摆脱引号显示自身(s'affirme)。它通过德国大学的自身确证(l'auto-affirmation)而显示自身(s'affirme)。[①]精神的显示(l'affirmation)燃烧着。我的确说的是燃烧(*s'enflamme*)：不只是为了使人想起《大学校长就职演说》在欢呼精神时的激情(pathos)；也不只是由于对火焰的参照所能照亮的东西：通过那恐怖的时刻所照亮的东西，而这一时刻正把其各种幽灵散布在这出戏的周围。而是因为在二十年后，恰恰是二十年后，海德格尔将会就精神(没有它人们就不可能思考**恶**)发表如下看法：它首先既不是 *pneuma* 也不是 *spiritus*；因此海德格尔让我们推断出：在哲学的希腊语中并不比在福音的希腊语中更能够听到[②] *Geist*，更不要说古罗马语的失聪了：*Geist* 是火焰(flamme)。从而，这一点只能在德语中才会得到言说和思考。

如何解释 *Geist* 的这种突然的燃烧和膨胀？*Sein und Zeit*，它还一直谨慎婉转，遵循着那种严格的写作经济，这种写作经济一直阻止着在具有倍受监督的标志的学科内作出这种宣告。那么，海德格尔如何由 *Sein und Zeit* 过渡到这种鼓动人心的热忱、这种偶或带点教化色彩且被奉献给德国大学之自身确证的宣告？这种由此到彼的跳跃是怎样的？而且尽管有由此到彼的跳跃，那在这过程中被证实并一直持续着的东西又是什么呢？

---

① 海德格尔的《大学校长就职演说》的主标题就是“德国大学的自身确证”：*Die Selbstbehauptung der deutschen Universität*。而法语的(s')affirmer 同时具有“显示、显现”和“自身确立、自身确证”两方面的意思。德里达在这里同时是在两种含义上使用这个词，这是我们始终要记住的。——译者

② (s')entendre，既有“(被)听到”，也有“(被)理解”的意思。——译者

Die Selbstbehauptung der deutschen Universität[《德国大学的自身确证》]，这个标题中的每一个词都被精神穿过、浸透、照亮、规定(*bestimmt*)——我想说，同时是确定(défini)和指定(destiné)——以及召唤。自身确证，如果不是出自精神的命令(l'ordre)、精神的命令本身，它首先就不可能，就不会被听到，就不会是它所是之物。法语的“命令”一词(l'ordre)同时指示着支配(commandement)、导引(duction)或引导(condution)(*Führung*)的含义，以及使命(mission)的含义：发送、被赋予的命令。自身确证意欲(必须要强调这个意欲[vouloir])通过*Fühlung*而成为精神的确证。当然，这种*Führung*是一种精神性的引导；但是，le *Führer*，领导者(le guide)——在此是校长——说：除非他本身已经被命令的不可改变性、被使命(*Auftrag*)的严格性甚至其指导性的坚定所引导，否则他就不能进行引导。这种使命也是、且已经是精神性的了。结果，被从领导者引向领导者，德国大学的自身确证就只能通过这样一些领导者才是可能的：他们在自己被引导之际，又引导着一些被这种精神性的使命的确证所指挥的指挥者(dirigeants)。在后面，我们将会辨认出一条通道(passage)：在这种确证与某种关于认同、关于以回应的方式出现的保证、关于负责任的接受、关于同意或者是信赖(*Zusage*)(一种作为回报而被给出的话语)的思想之间的一条通道。在任何问题之前、而且为了使问题本身得以可能。

这所大学的德国特征，并不是一个第二性的或偶然的述谓，它不可以被从这种精神的确证中分离出来。作为被如此建立起来的机构的最高机关，作为这所被从高处引向顶端的"高校"(*hohe Schule*)的最高机关，精神只能自身确证。而这一点，我们马上就会在一种意欲自己真正是德国的本真化或同一化运动中听到。

在《大学校长就职演说》的一开头，海德格尔本人就强调"精神性的"(geistig)这个形容词。他第一个强调的就是这个词。在阅读热拉尔·格拉内尔(Gérard Granel)的翻译时，我也要从我这一方面来强调这一点：不仅因为这是海德格尔所强调的第一个词，而且还因为正是这个形容词——*geistig*，将在二十年后被与 *geistlich* 对立起来。后者将不再具有柏拉图-形而上学的含义，也不再具有基督教-形而上学的含义；而 *geistig*——海德格尔将以他自己的名义而非在对特拉克尔的评论中这样说——却仍在此岸与彼岸、人间与天堂以及感性与理性的形而上学-柏拉图-基督教式的对立之中被把握。然而，在《大学校长就职演说》中，海德格尔所求助的 *Geistigkeit* 已经与"后来基督教-神学式的世界解释"(*Die nachkommende christlich-theologische Weltdeutung*①)相对立了。但是

① 《德国大学的自身确证》(*L'auto-affirmation de l'université allemande*)，热拉尔·格拉内尔(Gérard Granel)译，T. E. R. 德法双语版，第 10 页。

[在《大学校长就职演说》中]还没有 *Geistlichkeit*。这是单纯的术语不一致？若干年后的词语调整？在某种程度上无疑是，但我并不相信事情可以被归约于此。

下面就是这篇《大学校长就职演说》的第一段。引号已撤下取走，幕布也已拉起，这是庆祝精神的开幕典礼：一个长长的学院队列，后面跟着随从，精神走在最前头，而且在最高处，因为它引导着那本身也在进行引导的人。它走在最前面，为 *spiritus rector*[精神性的领导者]（我们今天可以更好地认清他的指令）以及那些追随他的人通知和指引追随的方向：

> 担任校长，就有义务从精神上领导这所高校（*die Verpflichtung zur* geistigen *Führung dieser hohen Schule*）。而那些追随者，即教师和学生们，只有真正和共同扎根于德国大学的本质中，他们才能拥有其实存和力量。然而，这种本质要想获得属于其自己的明晰性、地位和强力，则只有当领导者们（les guideurs）（*Führer*：我更愿意用"guide"而非"guideur"，后者是一个非常少见而且或许是个新词，它会有这样的危险：使我们忘记了 *Führer* 在当时德国其实是极其普通的一个词）本身首先并且在任何时候都是被领导者的时候——被那精神性使命的（*jenes geistigen Auftrags*）不可动摇性所领导的时候，

而那种精神性的使命复又使德意志民族的命运深深地烙上了其本己的历史特征。[①]

因此这最后一句谈及的就是烙在德意志民族命运上的印记(*Gepräge*)。类型学的动机，甚至是存在-类型学的动机，拉库-拉巴尔特一直这么说。对于这种动机在《大学校长就职演说》中的再生，应当根据给荣格尔(Jünger)的信(*Zur Seinsfrage*，《面对存在问题》)以及其中与主体性的现代完成有关的内容加以回溯性地探问。这个问题我还无法进入，我只能指出：印记的形象在此是与力量的形象有规律地且本质地联系在一起的。海德格尔有时说到 *Prägekraft*[印记的力量]或 *prägende Kraft*[铭记性的力量]。[②]现在，力量也将与精神有规律地和本质地联系在一起，就像后者从此庆祝摆脱引号那样。

在这个《演说》中间，就我所知是第一次(在这之后也只有两次，即在关于谢林和特拉克尔的文本中)，海德格尔给精神提出了一个定义。它当然是以“S 是 P”这种定义形式出现。海德格尔采纳了这种形式，对此没有任何可能的怀疑。他不再提到其他人的论说。不再根据笛卡儿、黑格尔或

① 《德国大学的自身确证》，第 5 页。
② 同上书，第 20 页。

晚期谢林或荷尔德林来谈论精神，他把这个述谓规定与一系列标题联结在一起，这些标题的重要性毋庸多言。为了给阅读这条定义作好准备，我从中列举四条。

首先是追问，*Fragen*，它在此作为意志(volonté)、作为追求认知的意志和追求本质的意志而显现出来——自行显现它本身(*se* manifeste *lui-même*)。甚至在对精神的定义之前(精神再次肯定了它)，这种意志就已经在《演说》的更前的地方被肯定了：

> 追求德国大学的本质的意愿(vouloir)，就是追求科学的意愿，在对德意志民族(作为一个在自己的国家中认识自己的民族)的历史性的精神使命进行追求这种意愿(*Wille zum geschichtlichen geistigen Auftrag des deutschen Volkes*)的意义上。科学和德国的命运在追求这一本质的意志中必须同时获得强力(*Macht*)(第7页)。

其次是世界，*Sein und Zeit* 的中心主题。作为 *Fragen* 的请求，它标志着从 *Sein und Zeit* 到《演说》的最深刻的连续性。

第三，还有总是与力量联系在一起的土-与-血的主题："*erd- und bluthaften Kräfte als Macht*"［"作为强力的土与血的力量"］……

第四，最后并且尤其是——仍然是在与 *Sein und Zeit* 的本质的和内在的连续性中——l'*Entschlossenheit*：决断、确定，将其敞开、开放的可能性给予 *Dasein* 之 *Eigentlichkeit*、之本真的本己性（la propriété authentique）的决定。

下面就是给出对精神这四条规定的主要段落：

> 如果我们追求下述意义上的科学的本质，即将科学视为在存在者整体的不确定性中间的那种追问着的（*fragenden*）且毫不掩饰的坚持方式，那么，这种追求本质的意志就会为我们的民族创造出它的具有最内在和最外在的危险的世界，也就是它的真正的精神性的世界（*seine wahrhaft* geistige *Welt*：*geistige* 是被强调的）。因为"精神"[在引号中，但这次是为了使人在一个依然是否定性的定义中想起别人所说的精神]既不是空洞的洞察力和无所束缚的智力游戏[*Spiel des Witzes*：这个在精神与玩笑话（le mot d'esprit）、*Geist*（精神）与 *Witz*（机智）之间的区分，使人想起康德（Kant）的《人类学》，他在那里指出：法语 l'esprit 的一个特征可以标志如下：法国语言只有"esprit"一个词来意指 *Witz* 和 *Geist*]，也不是漫无边际的知性分析，甚至也不是世界理性[可能是指黑格尔]；相反，精神是面向存在之本质的、原初被规定的、认知着的决断（*ursprünglich gestimmte*，*wissende Entschlossenheit zum Wesen*

> *des Seins*)。一个民族的精神性的世界(*geistige Welt*, 被强调的)决非一种文化的上层建筑, 同样也不是各种有用知识和价值的武库; 相反, 它是那在最深处保护着这个民族的土与血的力量的强力, 作为最内在地激起(*der innersten Erregung*)和最深远地震撼着这个民族的实存(*Dasein*)①的强力(*Macht*)。惟有一个精神性的世界(*Eine geistige Welt allein*)向这个民族保证了伟大。因为它迫使在追求伟大的意志和听任堕落(*des Verfalls*)之间所作出的那种持续不断的决定, 将其节奏赋予我们这个民族的征程, 这个民族已经向着它的未来的历史踏上了这一征程。②

此番庆祝真正且完全应和于对精神性的激发(*exaltation*)。这是一种提升。它并不只与布道、宣告或颂读相关。相反, 它涉及激发, 正是在此种激发中, 那至高者宣示自身, 建立自身。一如既往, 深邃与崇高在至高中结盟: 那对 *die hohe Schule*[高校]的精神性的领导们进行领导的领导者的至高, 和土与血的力量的渊深。因为, 精神性的世界正是由这些力

① 海德格尔的 Dasein 在汉语学界常被译为"此在"、"亲在"、"缘在"等。在这里, 法译者将其译为 existence, 后者在汉语学界常被译为"实存"、"生存"。我们这里选择"生存"这个译法。下同。——译者

② 《大学校长就职演说》德法双语版, 第 13—14 页。

量组成。就那在这种激发中清晰起来的东西而言，精神不再具有形而上学的主体性的意义。在这一点上，与 *Sein und Zeit* 没有任何矛盾。精神不属于主体性，至少不在心理的或自我学的形式中，因为还不确定：《大学校长就职演说》中的那种强烈的意志主义是否不是在上述主体性的时代中被把握。

另外一件事看来也很清楚：在一种自认为肯定不是黑格尔的意义上，历史性被直接从本质上规定为精神性的。那属于历史之真实的，也属于世界之真实。海德格尔多次用连字符把形容词 *geistig* 和 *geschichtlich*[历史的、历史性的]连接起来：*Dasein* 是 *geistig-geschicht-lich*，①世界是 *geschichtlich-geistig*。②这种连接将一直持续到两年后的《形而上学导论》。但还是在《大学校长就职演说》中，并且一直是为了追随问题的及其优先性的这种踪迹，我将坚持以下这一点：连接(/统一，l'union)，在精神与历史之间的连字符，在一段使 *Fragen* 成为精神之指令本身的文字中扮演着一个意义重大的角色。问题或者是精神的(*de l'esprit*)，③或者根本就不

① 《大学校长就职演说》，第 17 页。

② 同上书，第 18 页。

③ 在本书中德里达反复使用“... est *de l'esprit*”这种表达。在前文的译注中译者曾说过，作为本书标题的 de l'esprit 在本书里意义非常丰富，既有“论精神”、“关于精神”之义，又有“来自精神”、“属于精神”之义。有时甚至同时兼有数义，比如“... est *de l'esprit*”这样的表达。对于这种表达，我们多数情况下直接译为“……是精神的”。我们希望借助这个模棱两可的译法能尽量不减损原文含义的丰富性与多重性。——译者

存在：

> 科学的这样一种原初概念，不仅具有“客观性”（*Sachlichkeit*），而且首先对那在民族之历史性的-精神性的世界中的（*inmmitten der geschichtlich-geistigen Welt des Volkes*）本质性与单纯性进行追问（*des Fragens*）。唯此，客观性才能获得它的真正基础，即发现它的本性和界限（同上）。

《德国大学的自身确证》：这个标题中的每一个词，如我们一直所说，都被这种精神的激发性的庆祝所浸透。我们刚刚看到，精神印记的力量如何在自身确证上打上标记，并同时在这个民族及其世界的德意志存在（l'être-allemand）上，也就是它的作为求知意志和求本质的意志的大学上签名。有待证实的是，同样的精神性印记是否也被铭刻在学院的组织之中，铭刻在院系的立法之中，以及师生的共同体（*Gemeinschaft*）中：

> 一个学院唯在下述情况下才成其为学院：即它在一种植根于科学之本质的精神性立法（*geistiger Gesetzgebung*）的能力中展开自身，从而把这个民族的**唯一的**精神性世界（*die eine geistige Welt des Volkes*）的形式赋予给生存的各种强

力(*Mächte des Daseins*)，后者构成生存的紧迫性(同上)。

至于那在这篇《演说》中为精神所支配并且依靠精神的东西，此《演说》则至少召唤着三种阅读、三种评价，或不如说三种解释程式。

第一，就演说的作者对精神的指令也进行共同签名而言，作为这样的作者，他不能逃避任何的责任。

他的演说首先是关于回应(la réponse)的演说，关于责任(la responsabilité)的演说。真正被接受的责任，甚至在不同的恳求面前被要求承担的责任。这些不同恳求全都相互关联，因为它们都与精神连接在一起。精神刻画出它们之间的连字符，刻画出在世界、历史、民族、求本质的意志、求知的意志与处于问题经验中的 *Dasein* 的生存之间的连字符。

第二，然而，这种责任是按照一种策略表现出来的。一种迂回的至少是双重性的策略，它总能给那些相信控制了它的人保留意外的惊异。

一方面，海德格尔如此就把那最让人安心的、最高的精神性的合法性，授予他所面临的并投身其中的一切，授予他全力支持并因此高度奉献的一切。因此人们可以说他把国家社会主义精神化了。人们也可以指责他这一点，正如他后来将会指责尼采把复仇的精神提升到了一种“最高度地精神化了的复仇精神”（*ein höchst vergeistigter Geist der Rache*①）一样。

但另一方面，在冒险使纳粹主义精神化的同时，海德格尔又用这种确证（精神性、科学、追问，等等）来突出它，借此他也已经能够希望着去救赎它或拯救它。这在同一时刻又去除了海德格尔介入的标记，中断了某种隶属。这篇演说似乎不再单纯隶属于“意识形态”的阵营，在这种阵营中，人们求助于一些模糊不清的力量，求助于一些这样的力量：按照一种对于“土与血”的恰恰是非精神性的解释，它们不会是精神性的力量，而是自然的、生物性的、种族的力量。

第三，当海德格尔——仍是在最后——谈到西方命运时，他所求助的力量因此就是一种“精神性的力量”（*geistige Kraft*）。此外，我们将会在关于特拉克尔的文本中重新发现这种关于精神和西方的主题，但是却是不合适的。

---

① “谁是尼采的查拉图斯特拉？”（*Qui est le Zarathoustra de Nietzsche*？）（第 117 页，A. 普雷奥［A. Préau］翻译，载：《演讲与论文集》［*Essais et Conférences*］，巴黎：伽里玛出版社，第 140 页）。当然了，这并不是一个“责备”，甚至也不是一个拒绝。海德格尔总是否认这样做。他从不批判也不拒绝。那会是一种“小心眼的游戏”（*Kleingeisterei*）。这是他正好在我刚刚引用的（第 117 页，法译本第 141 页）那一段之后所解释的内容和在那里所提出的问题。他首先把“以形而上学的方式”——它的维度首先并不是“道德的”也不是“心理学的”（第 108 页，法译本第 130 页）——思考复仇的功绩归之于尼采。接着他勾勒了这个运动的轮廓：该运动一直通向尼采思想的边界处，一如通向形而上学的完成；在此边界处，某种尼采思想不再能思考的事物在尼采思想中显现出来。这涉及的恰好是这样一种复仇的精神（*Geist der Rache*）：它或许无法由关于印记（Aufprägen）的论说所克服（只是“被最高程度地精神化”）；关于这种印记，尼采说道：“*Dem Werden den Charakter des Seins* aufzuprägen-*das ist der* höchste wille zur Macht.”［把存在的特征铭刻在变易之上——这就是最高的强力意志。］

这种策略的代价如何？为什么它不可避免地要反过来反对它的“主体”——如果我们能够说这个词而且仿佛恰如其分地说的话？因为，除非我们把精神重新铭刻入一种对立的规定之中，并从中再次制造出一种主体性的片面性，哪怕是在其意志主义的形式下，否则我们就无法摆脱生物主义、自然主义、在其基因形式中的种族主义，也无法反对它们。这个方案极具强制力，它支配着今天以及未来很长时间内的大部分反对种族主义、极权主义、纳粹主义、法西斯主义等的论说；这些论说以精神之名，甚至以精神自由[①]之名，以某种直接或间接地返回到这种主体性形而上学的公理——比如民主公理或“人权”公理——之名，来反对上述种种。这种划界策略的所有这些诡计都属于这同一种方案，无论人们在其中占据着哪一个位置。人们只能在这个方案所赋予的这些可怕的污染中进行选择。即使所有这些共谋关系并不是等值的，它们也是不可还原的（*irréductible*）。虽然人们总是提出这样的问题：即这些共谋关系中哪一种是最不严重的？——我们无法再夸大这个问题的急迫与严峻了——但是这个问题却从来都不会消解这件事实的不可还原性。这个“事实”（fait），当然了，并不单纯是一个事实。首先而且至少是因

① 这种精神自由总是冒着那种我们前面在注释（第 25 页）里引的黑格尔的一段话所严格规定了的危险：一种仅仅是形式的和具有抽象普遍性的自由的危险。

为，它还没有被完成（*fait*）[①]，没有全部（tout à fait）［完成］：为了自那些过去的灾难以来仍在它之中保持为来临着的事物，它比已往任何时候都更多地呼唤“思想”和“行动”的某些绝对前所未闻的责任。这就是我们在此必须要尝试指明——如果不是命名的话——和开始分析的东西。

在《大学校长就职演说》中，这种危险并不只是意料之中的。如果它的方案显得极为可怕，这是因为——这里不存在任何偶然——它积聚了最坏之物，即，它同时积聚了两种恶：对纳粹主义的保证和那依然是形而上学的姿态。在引号——我们对它从来没有合适的尺度（总是不是太多就是太少）——的诡计背后，这种模棱两可也在于这样一个事实，即 *Geist* 总是为它自身的 *Geist* 所萦绕。它自身的 *Geist*：一个精神，换言之——用法语就像用德语一样——一个幻影（fantôme），总是通过重新返回作为另一个精神的腹语而让人惊异的幻影。形而上学总是重新返回——我是在重新来临者（/魂灵，le revenant）的意义上来理解这一点的——而 *Geist*，就是这种返回的最必然的形象。人们从来无法将之从单纯者那里分离开的副本的形象。

海德格尔最终将永远无法避免（*vermeiden*）的事物，那不可避免者本身，难道不就是精神的这个副本？作为 *Geist* 之

① fait，既可以是名词“事实”，也可以是动词 faire 的过去分词。——译者

Geist 的 *Geist*？作为总是伴随其副本而来的精神之精神的精神？精神乃其副本。

无论人们以何种方式解释这种可怕的模棱两可性，对于海德格尔来说，它已经被铭刻在精神之中了。它是精神的（*de l'esprit*）。当海德格尔在关于特拉克尔的文本中谈到精神性的恶时，他将如是说。但是，早在《大学校长就职演说》两年后的《形而上学导论》的一开头，他就已经以另外一种方式指出了这一点。

正如——尽管是戏剧性的变化：幕布的拉起或引号的去除——《大学校长就职演说》再次推进并证实了 *Sein und Zeit* 的本质因素一样，《形而上学导论》（1935）也重复了在该演说中所发动的对于精神的祈求。它甚至再次推进了这种祈求，并以前所未有的谨慎围绕着它进行解释、展开、辩护和确定。

当然，这里的修辞不再是论文式的，如在 *Sein und Zeit* 中那样；也不再是开幕式性的和强调性的论说的修辞，如在《大学校长就职演说》中那样。这里涉及的是一种授课式的话语，它同时兼有两种样式。与在 1933 年一样，它也对在 *Sein und Zeit* 中被解构的精神概念进行平反。但这仍然是以精神之名——此精神在朝向问题的决断中引导着求知意志和求本质的意志——以至于另外一种精神，即这种精神的坏的副本、主体性的幻影，通过 *Destruktion* 而被驱除。

这种双重性与海德格尔在《形而上学导论》一开头谈及“精神的一切本质形式[①]”都处于其中的 *Zweideutigkeit* 时使人想起的那种模棱两可性是一回事吗？精神的形象越是独特，人们就越容易受到诱惑通过比较与混淆去误解它的主体。现在，在处于其历史性中的人类 *Dasein* 的各种可能性与必然性中间，哲学是精神诸本质形式的一种：独立的、创造性的和稀有的一种。独特性正是由于其本质的稀少性，才总是招致误解，一如 *Zweideutigkeit* 招致 *Missdeutung*［误解］一样。第一种曲解在于：首先要求哲学为 *Dasein* 以及一个民族的时代谋得一种文化基础——我们今天对这种方案仍很熟悉；接着就是对哲学的诋毁，当哲学从这个角度看毫无用处并且对于这个文化也毫无帮助的时候。第二种期待、第二种误解是：精神的这种形象，亦即哲学，无论如何至少应当设法提供一种世界系统、世界概观、世界形象（*Weltbild*），提供一种世界地图（*Weltkarte*），一种用以普遍定向的罗盘。如果哲学不能为文化奠定基础，它至少也要减轻文化活动的技术-实践功能，并使之变得容易；也要使科学摆脱一种对其各种前提、基本概念和基本原则（*Grundbegriffe*，*Grundsätze*）的认识论上的反思，以减轻科学的重负。我们可以从哲学家

① “*Jede wesentliche Gestalt des Geistes steht in der Zweideutigkeit*”［精神的每一种本质形态都处于模棱两可性之中］，德文版，第 7 页；法译本，吉尔贝 · 卡恩（Gilbert Kahn）译，巴黎：伽里玛出版社，第 16 页。

那里期待什么？他应当是基础的事务官。时至今日，这些对于哲学的误解比以往任何时候都更加顽强有力了，它们被哲学教授们维系着，海德格尔如是指出（谁会反对他这一点呢？）。

精神的自身确证或自身呈现：《大学校长就职演说》所宣布的所有内容因此都在《形而上学导论》中得到再次颂扬。我们可以从《形而上学导论》的标题和名称说起。在此，问题的指令直接与那据说是精神性的 *Führung* 的指令联系在一起。《形而上学导论》是以一种对问题的沉思开始，或者更确切地说，是以对问题的导入开始，以那导入、归入和导向问题之内部的东西开始，le *Hineinführen in das Fragen der Grundfrage*［导入对基本问题的追问］①。

只有在问题的经验中才有追问。问题并非物，如水、石头、鞋、衣服或书籍等。*Hinein führen*［导入］问题并不是导向——归入某物，它引向、导向问题的经验、苏醒或产生。但是，正如没有什么应当支配着问题，也没有什么应当先行于在其自由中的问题一样，*Führen* 已经在追问着了。它先行到来，它是一个已经追问着的先-来者（*ein fragendes Vorangehen*），一个先-追问，*ein Vor-fragen*。如果因此没有什么先行于在其自由中的问题，甚至也没有什么先行于对追问的导入，那

① 海德格尔：《形而上学导论》德文版，第 15 页；法译本，第 27 页。

么，《大学校长就职演说》和《形而上学导论》都谈到的那种精神性的引导（*geistige Führung*）的精神，就要完全被解释为追问的可能性。它回应并且应和于这种可能性。要不然这种可能性已经在这样一种应和之关联与义务甚至联盟中回应或应和了它，如同在这种应和状态（/共同-责任，co-responsabilité）的运作中一样。这种关于精神的论说也是一种关于精神之自由的论说。

既然没有什么先行于这种精神性的导引，那么它自身就是不被引导的，这样它就打破了那种空洞反思的循环，这种反思一直威胁着在其基本形式中的存在问题："为什么有某物而非一无所有？"这是［《形而上学导论》］这本书的第一句话。反思的机制很有可能在关于问题的问题中使问题无限反转：为什么［有］为什么？等等。而海德格尔谈及的毋宁是问题的一种起跳（*Sprung*）。起跳造成涌现，它解放了本源的涌现（*Ursprung*）[①]，而无须从已经追问着的引导之外的其他东西那里引入问题：而这种已经追问着的引导就是精神本身。精神苏醒了，毋宁说（plutôt）——早已（plus tôt）——从 *Führung* 的 *Vor-fragen*［先-追问］中醒来。没有什么比这种在其自由与决断（*Entschlossenheit*）中的苏醒的强力更早到达的

① Ursprung，德语：本源、起源。该词由两部分组成：前缀 Ur-是"本源的"之义，词根 Sprung 是"跳起、起跳"之义。因此德里达这里把它解释为"本源的涌现"：le surgissement originaire。——译者

了。那先行到来和居先者，那先来且在一切之先（*vor*）进行追问者，就是精神，就是精神的自由。作为 *Führer*，它处于去或来的途中，在一切政治、一切心理引导和一切教育之前、之先，并一直向前。

因为说实话，我们必须明确：当海德格尔冒险使 *Führung* 这个主题服务于一种确定的政治时，他已经暗示，他预先就与这样一种服务决裂了。在其精神性的本质中，这种自由的引导不应该招致任何盲从（suivisme），人们不应该从它那里辨认出任何追随（suite）、任何追随者（suiveur）、任何 *Gefolgschaft*［追随、追随者］，以及门徒或拥护者的任何聚合。当然，我们可以把海德格尔就作为经院式的、作为技术学习或职业培训的**学校**所说的一切——为了排除它们——延伸到**政党**上。毫无疑问，人们将对理解这样一种 *Führung* 所能意指的东西感到困难：它在命令、要求或指挥着，但却没有任何一种追随、服从或听从。人们会说，无论它是多么精神性的，它应当确实在进行领导。“当然”，海德格尔在此可能会说，“但是如果人们理解有困难，这就意味着人们被桎梏在知性逻辑的牢笼内，意味着人们没有通达这种倾听的自由、通达这种虔诚或这种与 *Gefolgschaft* 的盲从没有任何关联的追随的样式。”或许。但另一方面，如果追问并不进一步被还原为它的推理样式或一些探问性的陈述，那么追问就彻头彻尾地——亦即本质地——隶属于意志，隶属于作为求知意志的意志。“*Fragen ist Wissen-wollen.*”[追问是求知意志。][①]

所有这些都把《形而上学导论》重新引向《大学校长就职演说》，而且再次引向决断(*Entschlossenheit*)的主题。决断起到决定性的作用，事实上，起到的是 *Sein und Zeit* 中的决定本身的作用。那把追问规定为求知意志的段落也让人想起意愿本身就是一种决断-存在(*Entschlossensein*)。

虽然至少是在表面上——表面上，带有一种不太强调的语气——《形而上学导论》开始标志一种相对于《大学校长就职演说》而言的政治退却，但它事实上提出了一种地缘政治学的诊断，这种诊断的所有资源和所有参照都重新回溯到精神，回溯到精神性的历史性，及其已经得到验证的概念：跌落或沉沦(*Verfall*)是精神性的，力量也是精神性的。

地缘政治学，因此：欧洲、俄国和美国在此被命名。无疑，此处所意指的仍是单独的欧洲。但是，维度一直保持为真正地缘政治学的。对世界的思考被规定为对地球或行星的思考。

海德格尔因此揭露了一种“精神性的沉沦”(*geistigen Verfall*)。在这种沉沦中，人民正在丧失他们最后的“精神性的力量”。后面这种表达会不断地重新出现。精神的 *Verfall*

① 海德格尔：《形而上学导论》德文版，第 16 页；法译本，第 29 页。

只有在其与存在命运的关系中才能被思考。如果在追问之中，精神的经验相应地向“危险”显现，那么德意志民族、“我们的民族”、这个卓越的“形而上学的民族”（*das metaphysische Volk*），就既是最富精神性的（这是海德格尔在后面谈论语言时将明确的一点）、也是最面临危险的。因为它被钳住了，[①]被钳在它的两个欧洲邻居——俄国与美国——中间（*in der Mitte*）。[②]“伟大的决定”理应由它来做出，此决定将会介入欧洲的命运，介入“由此中间而来的崭新的[历史性的][③]精神性力量”（*neuer geschichtlich* geistiger *Kräfte aus der Mitte*）。强调，*emphasis*：“精神性的”一词再次被加上着重号，既为了标明对与存在的关系的基本规定正处于其中，又为了驱逐一种可能并非属于精神的（*de l'esprit*）政治。一种新的开端在被召唤。被这个问题召唤：“*Wie steht es um das Sein*”，存在是怎么一回事？而这个开端，它首先是重新开端，乃在于重演（*wiederholen*）我们的历史性的精神性的生存（*Anfang unseres geschichtlich-geistigen Daseins*）。这个“我们的”中的“我们”……就是德意志民族。我已经匆匆忙忙地谈到

① 海德格尔：《形而上学导论》德文版，第 29 页；法译本，第 47 页。

② 对美国及其“伪哲学”（pseudo-philosophie）和它的“公认的心理学”（psychologie patentée）等的指控已经进行了很久。无疑，这种指控在 1941 年达到了顶峰。参见海德格尔：《基本概念》（*Concepts fondamentaux*），P. 大卫（P. David）翻译，巴黎：伽里玛出版社，第 111、120 页。

③ 法文没有“历史性的”，据括号里德文补。——译者

过一种地缘政治学的诊断，在这种诊断中，论说既不是知识的论说，也不是临床或治疗的论说。但是地缘政治学仍然把我们从地球与星球重新引向世界，引向作为精神之世界的世界。地缘政治学只是精神的 *Weltpolitik*［世界政治学］。世界并不是地球。世界的晦暗（*Weltverdüsterung*）降临于地球之上[①]：诸神遁去，地球毁灭，人皆大众，平庸占优。

① 海德格尔：《形而上学导论》德文版，第 34 页；法译本，第 54 页。

第六章

我们如何称呼这个世界？如果它以此种方式变得晦暗，那它是什么呢？答曰：“世界总是精神性的世界。”（同上）

精神性的这个词被再次强调。不久前它还被排除，被“避免”；稍后又处于严密监视中，被压制、限制在引号中；看，现在它膨大了，享受着宣告、欢呼、颂扬，毫无疑问，它在所有被强调词语的最前面到来。

接着，海德格尔立刻补充道：“*Das Tier hat keine Welt, auch keine Umwelt*”，动物没有世界，也没有周围世界。不可避免的结果：动物没有精神，既然我们刚刚读到，一切世界都是精神性的。动物性不是精神的。我们本应从这个命题中引申出所有那些就把人规定为理性的动物而言可能是必不可少的结论。但这里我们将不这样做。我们也没有时间展开这种对动物性的阐释所要求的分析。我把自己仅仅限制在最不可避免的方案上。无需抓住这个命题在形式上所具有的独断性以及在内容上所具有的传统性——有人几乎忍不住要说

(但是错误地)是笛卡儿式的，我们一开始就能注意到下述悖论，即：这个命题第一眼看起来就明显与下面三个论断相矛盾，这三个论断曾被详尽展开或质疑，但并没有被拒绝过。相反，海德格尔在1929—1930年冬季学期于弗莱堡的讲座中就已经把它们提出来了，以便回答“世界是什么？”这个问题。

我重提一下这三个论断：第一，石头是无世界的(*weltlos*)。第二，动物是缺乏世界的(*weltarm*)。第三，人是世界的构筑者(formateur)，如果我们能这么翻译*weltbildend*的话。

这三个论断不只是为“世界是什么？”这个问题作准备。它们也应当回答某种关于生命的问题：如何才能通达和规定生命的本质？生物学与动物学预设了通向活的动物的本质的通道，但是并没有把这条通道打开。至少这是海德格尔在使各种区域知识服从于区域存在论、复又使后者服从于基础存在论、接着使一切恶性循环的逻辑和辩证法的逻辑在这一主题上归于无效时，以一种古典姿态所断言的。①因此这些论断就表现为“形而上学的”而非科学的。②通往这种(在海德格尔那时所理解的积极意义上)形而上学的维度的通

① 《海德格尔全集》，第29/30卷，第276页。
② 同上书，第277页。

道，既向科学封闭，也向哲学人类学（比如舍勒的哲学人类学）封闭。科学与人类学，作为它们本身，都必须预设（而没有能够展示）它们以之为对象的动物世界或人的世界。

“*Weltarm*”意味着什么？这种世界的缺乏（pauvreté）意味着什么？我们在此还不能为海德格尔的这种耐心的、费力的、艰难的、有时是两难的分析进行辩护。缺乏（*Armut*）这个词可能——但这只是第一印象——包含两个预设或两个假设。一方面是程度差异的预设或假设：这种程度差异把贫乏（l'indigence）与丰富（*Reichtum*）区分开。就世界而言动物可能是缺乏的，人则是丰富的；因此在精神方面也一样，既然世界是精神性的：动物更少精神，而人则更多。另一方面，如果动物缺乏世界，那么动物也就当然应该具有某个世界，因此应当具有某种精神，而与石头形成区别：后者是无世界的，即 *weltlos*。海德格尔直截了当地拒绝了第一个假设，不管它在对这个有点奇怪的词——“贫乏”——的坚持中包含了何种困难。海德格尔所谈到的在贫乏与丰富之间的差异并不是程度的差异。因为恰当地说，由于一种本质的差异，动物世界（如果动物缺乏世界并因此缺乏精神，那么人们当然应该能够谈论一种动物的世界，以及精神性的世界）并不是人的世界的一个种或一个等级。[1]这种缺乏并不是世界的一种

[1] 《海德格尔全集》，第 29/30 卷，第 294 页。

贫乏、一种不多(un peu)。它无疑具有一种剥夺(*Entbehrung*)的意义、一种缺失(un manque)的意义：动物并不充分具有世界，当然。但是这种缺失并不被评判为一种与世界性的存在者的量的关系。对于存在者来说，动物并没有一种低等的关系，一种更受限制的通道；它有一种别样的(autre)关系。我们稍后再来确定这种关系。但是困难已经在缺失逻辑和他异性(l'altérité)逻辑这两种逻辑的不相容的值之间积聚起来了。对于动物来说，世界的缺失并不是一种纯粹的无；相反，它不应当在一种同质的程度阶梯上参照一种完满，或者在一种异质的范畴(比如人的范畴)内去参照一种非缺失。既然动物的世界不再是人的世界的一种，那么，什么可以为这种缺失或剥夺的概念进行辩护呢？因为，如果动物被剥夺了世界，如果它因此"没有世界"，那么根据《形而上学导论》的那个粗暴的公式，它的被-剥夺世界、它的没-有-世界，就必须一方面绝对不同于石头的没-有-世界——石头没有世界但也并不被剥夺世界——另一方面也绝对不同于人的有-一个-世界。

这种分析当然有兴趣与程度差异相决裂。它尊重一种结构的差异，同时避免人类中心论。但是通过它一直声称要使之从人类尺度中摆脱出来的那条道路本身，它又注定要重新引入人类的尺度，亦即这种缺失或剥夺的含义。这种含义是人类中心论的，或至少指向 *Dasein* 的追问着的我们。除非从一个非动物的世界、从我们的视角出发，否则缺失或剥夺的含义便不可能作为它们本身显现出来，不可能获得意义。此外，是否人们也不能完全合法地说：对于人而言，有-一个-世界也有某种 *unheimliche*［阴森可怕的］世界剥夺的含义？而且这两种涵义之间并不互相对立？

让我们重新开始。如果动物没有世界，因此没有精神性的世界，如果它不属于精神，那么这种没-有-世界（*Nichthaben von Welt*）就具有一种与石头的没-有-世界根本不同的意义：石头，它是无世界的（*weltlos*），但恰恰不能被剥夺世界。动物不再有世界，既然它被剥夺了世界，但是它的被剥夺意味着它的没-有是有的一种方式，甚至是与有-一个-世界的某种关联。无-世界（sans-monde）的无并不具有同样的意义，它之于动物与它之于石头并不意味着同样的否定性。在一种情形中是剥夺，在另一种情形中是单纯的不在场（absence）。动物以没-有的方式有-一个-世界，或者相反，它被剥夺了世界正是因为它能够有一个世界。海德格尔谈论的是作为能-有中的没-有的一种“缺乏”（或剥夺）（*Armut*［*Entbehren*］*als Nichthaben im Habenkönnen*）[①]。毫无疑问，这种能够，这种能力或这种潜能（potentialité），并不具有亚里士多德式的 *dynamis*［能力］的意义。这不是一种由终极目的（*telos*）确定

① 《海德格尔全集》，第 29/30 卷，第 50 节，第 307 页。

方向的潜在性（virtualité）。但是如何避免这种图式的返回呢？

动物有又没有一个世界。这个命题似乎是矛盾的和逻辑上不可能的。海德格尔一直认识到这一点。[①]但他补充说，"形而上学和本质性有一种不同于人的健全知性逻辑的另外一种逻辑。"出于我们已经认识到的理由，事实上也是由于对黑格尔的**理性**（Raison）的不信任，海德格尔并不急于从绝对理性（rationalité）之思辨和辩证的强力出发去解决这些知性的矛盾。（在此，恰恰是围绕着动物性的疑难，可能必须要再次梳理海德格尔与黑格尔的关系问题。一旦认识到他们之间的差异并使之尖锐化，那让人不安的亲合性也就有可能再次显现出来。）这两个命题（动物有又没有世界）之间的逻辑矛盾可能只是意味着我们还没有充分澄清世界这个概念——我们在此正追随着它的引导性线索，既然它只是精神之世界。精神性，海德格尔坚持，它就是那样一种事物的名称：没有它就没有世界。因此，必须来思考那把下面两个命题交织在一起的纽结：动物没有世界，动物有一个世界。以及因此，动物有又没有精神。

我们刚刚说过，缺乏应当标志着一种质的、结构的而非量的差异。与石头相比，这种差异是清楚的。石头没有通往

---

① 《海德格尔全集》，第29/30卷，第50节，第293页。

存在者的通道。它没有经验。动物，它通达存在者，但是——这就是把它与人区分开的地方——它不能通达存在者本身。这种剥夺（*Entbehrung*）并不是海德格尔在 *Sein und Zeit* 里置于“作为”结构内部、“某物作为某物”的结构（*die Struktur des Etwas als Etwas*）内部的那种剥夺（*Privation*）。那种“世界理解”（*Weltverstehen*）的结构能够或者应当产生一种前-述谓的、前-言语的解释（*Auslegung*）。它不能混淆于陈述的“作为”。海德格尔在此语境中描述的“剥夺”经验并不比“理解着的看”的经验更原本。它预设了后者而且相反是从后者中引出。那在此对于 *Dasein* 有价值的对于动物并没有价值；但是，这两种“剥夺”之间的错位的类比却一直让人不安。动物能够有一个世界，既然它通达存在者；但是它又被剥夺了世界，因为它并没有通达存在者本身，也没有进入它的存在。海德格尔说，工蜂认识花，认识它的色彩和它的香味，但是它不认识花的作为雄蕊的雄蕊，它不认识根，不认识雄蕊的数目，等等。蜥蜴——海德格尔不惜笔墨详尽描述了它在岩石上、在阳光下的逗留（人们因此会想念蓬热[1]）——并不与岩石和阳光本身发生关系，与作为这样一种东西的岩石和阳光发生关系：针对这种东西我们可以提出问题并给出回答。然而，尽管我们几乎不能与蜥蜴同一，我们

---

① 蓬热（Ponge，1899—1987），法国诗人。——译者

还是知道它与阳光——还有石头——有一种关系，而石头，它无论是与阳光还是与蜥蜴都没有任何关系。

让我们在此重提一个并非仅仅有趣的表达方式。它对于我来说意义重大，如果时间允许，我们应当在此停留。在《面向存在问题》中，也就是大约二十五年之后，我们知道，海德格尔建议在打叉形式的涂抹（*kreuzweise Durchstreichung*）下书写“存在”一词。这个叉并不表示一种否定性的符号，甚至根本就不是符号；相反，它应当让我们想起 le *Geviert*，[①]那恰恰作为在它的位置（*Ort*）上、在叉号的交叉中被聚集起来的“世界游戏”的四大（le quadriparti）。对于海德格尔来说，位置总是聚集（*Versammlung*）的位置。这被对“存在”的涂抹如此召唤的世界游戏，正是从这里，关于“物”的讲座（1950）解释了世界的世界化、*das Welten von Welt*，以及就其世界化着而存在着的世界（*Die Welt ist*，*indem sie weltet*）。我们知道这种表达方式的类型和必要性。它意味着在这种情形中我们不能从其他的事物中引出或思考世界。然而现在，这是二十五年前的、因此是一个关于涂抹（*Durchstreichung*）的不同的命题。这个命题已经涉及世界以及与存在者之存在的某种关系。海德格尔写道：

① Geviert，海德格尔后期的哲学术语，指“天、地、神、有死者”四者构成的一个整体。本书中译为“四大”。——译者

> 当我们说蜥蜴躺在岩石上时，我们本应当对“岩石”一词进行涂抹（*durchsteichen*），以便表明：毫无疑问，蜥蜴所躺在其上的东西当然以某种方式（*irgendwie*，强调）被给予它，但却不是作为（*als*，强调）岩石被了解（或被认出）。涂抹并不只是想说：某种别的事物被理解为某种别的事物，而是：它完全不可作为存在者被通达（*überhaupt nicht* als Seiendes *zugänglich*）。[①]

对名字的涂抹，因此，在此是对岩石名字的涂抹，而这个名字，可能会指示着对岩石本身、对如此这般的（*comme telle*）、并在其岩石存在中可通达的岩石进行命名的可能性。在我们的言语（le langage）中，涂抹在避免一个词语之际，也会标记着动物的这种命名的无能。但是这种无能，首先是向物之如此这般[/本身，*comme tel*]敞开自己的无能。蜥蜴对之有经验的并不是如此这般的岩石。这就是为什么当人们要指示蜥蜴躺于其上的那种东西时应当涂抹掉岩石的名字。此外，在米歇尔·阿尔（Michel Haar）后来所引的文本中[②]：“从活着的动物向说话的人的跨越也是伟大的，如果尚不是比从无生命的石头向生物的跨越更伟大的话。”这种命名的无能

① 《海德格尔全集》，第29/30卷，第32节，第291—292页。

② 《地球之歌》（*Le chant de la terre*），黑尔尼手册（Cahiers de l'Herne），1987年，第70页。

并非首先是或仅仅是语言学的，它取决于对现象进行言说的本己的现象学的不可能性，这种现象的如此这般的现象性或它的如此这般本身，并不向动物显现，也不揭示存在者的存在。用 *Sein und Zeit*（§31）的言语，人们会说，此处涉及的是一种对 *Weltverstehen*［世界理解］的剥夺，而非在 *Weltverstehen* 中的剥夺。而在这里，对名字的涂抹可能会意味着对如此这般之存在者的不通达。被写还是根本不被写（因为在涂抹之际，海德格尔仍让他所涂抹者得以辨读；他在此甚至说，人们"应当"涂抹，但他实际上却并没有涂抹，似乎他涂抹了涂抹、避免了避免、以不避免的方式避免），一切似乎是这样发生的：对于那缺乏通往如此这般之存在者的通道的动物来说，这如此这般的存在者，存在者的存在，始终事先被涂抹了，但是是以一种绝对的涂抹、剥夺的涂抹进行涂抹。既然存在着一种对那因此本应该或本能够通达的东西的剥夺，那么人们就能够想起一种涂抹。而对于石头，则既不能谈到剥夺，也不能谈到涂抹。但是，我要重复的是，为了同时强调分析的微妙性和这种术语的两可性所标明的困难，我们必须要把对于动物而言的剥夺（*Entbehrung*）与对于 *Dasein* 而言的在世界理解中的剥夺（*Privation*）区分开。另一方面，由于那对涂抹进行涂抹的谜一般的交叉（chiasme），所以现在正在讨论的 *Durchstreichung*［涂抹］就具有一种根本上不同于《面向存在问题》中把"存在"一词磨去（oblitère）的那种 *Durchstreichung* 的意义。那么这种动物的涂抹——如果我们能这么说的话——意味着什么呢？或者毋宁说，我们就动物“世界”这个主题所写的“涂抹”一词——它在其逻辑中会扩展到所有那些就世界既然有所言说的词语——意味着什么呢？涂抹让人想起动物的麻木(*Benommenheit*)。海德格尔为这种麻木提供了一种耐心的、但在我看来是让人困惑的描述。麻木似乎封闭了通往如此这般的存在者的通道。事实上，它甚至都没有封闭，因为封闭假设了一种开放或打开，一种动物甚至都并没有通向它的 *Offenbarkeit*[敞开]。可能也应当涂抹掉封闭这个词。我们不能说动物向存在者封闭。它甚至向存在者的开放本身封闭。①它并没有通达敞开与封闭之间的差异。

无论这些论断是如何的成问题，也无论它们是如何的两难(这一点不仅对我们是如此，而且对海德格尔也是如此，并且后者似乎已认识到这一点，比如在§63 结尾处)，它们的策略和它们的公理系统都将保持着惊人的稳定性。问题总是在于要在生物与人类 *Dasein* 之间划出一条绝对的界线，在于不仅要与一切生物学和任何生命哲学(由此也与一切或多或少可能直接从中获得激发的政治意识形态)保持距离，而且还要与一种把敞开与动物性连接在一起的里尔克式的论题

① 《海德格尔全集》，第 29/30 卷，比如：第 361 页。

保持距离，正如米歇尔·阿尔恰当地提醒的那样。这里没有提到尼采，但是我们稍后就会回到这个问题。

无疑，必须要细致入微地认识到这些与拟人论、生物学主义及其政治后果决裂了的分析的力量和原则上的必要性，同时承认“如此这般”之现象的、微妙的但决定性的结构的权利。然而在我看来，这些分析仍在一些本质性的困难面前受挫。可以表明，这里的一切仍会返回到“精神”这个词所意指的东西上，返回到支配着这个术语之用法的语义学上。如果世界总是精神性的世界，如海德格尔在《形而上学导论》中不停地重复的那样；如果，如海德格尔在这些分析的结尾处也承认的那样，只要世界概念没有被澄清，这三个论断(但尤其是中间的那个)就始终是有疑问的；那么，这恰恰是因为世界的精神性特征本身始终暧昧不明。然而请不要忘记，正是在与世界分析的关联之中，而且是作为世界的本质述谓，“精神”一词才被从它的引号中解放出来——如果我们可以这么说的话——并且应当会达到笛卡儿-黑格尔式的主体性时代之外。因而关于精神，现在可能必须要说说我们就动物世界所说的内容了：动物是缺乏精神的，它有精神但又没有精神，而这种没-有又是它能-有精神的一种方式。另一方面，如果剥夺性的贫乏一面正好标志着非生物与生物之间的断裂或异质性，另一面又标志着动物与人类 *Dasein* 之间的断裂或异质性，那么，人们在这种关于剥夺的论说中能辨识出其剩余物的否定性本身，就并不能避免某种人类中心论的目的论，甚至人本主义。从 *Dasein* 出发对人之人性所作的规定无疑能修改、置换、移动这个图式，但却并不能摧毁它。

在说及目的论时，我并没有把那按照进化论方式设想的、关于一个漫长历程的进步观念强加给海德格尔；[按照进化论，]这个漫长的历程本应在一个由存在者组成的阶梯上把动物生命引向人类生命。但是不管我们是不是想避免，缺乏和剥夺这些词语还是暗含着等级秩序和价值评判。“缺乏世界”或者“无世界”这种表达，正如支持着它的现象学一样包含着一种价值论，这种价值论不仅受存在论支配，而且受如此这般的存在-逻辑学的可能性的支配，受存在论差异的支配，受通往存在者之存在的通道的支配，然后还受对涂抹的涂抹的支配，也就是说，被向世界游戏的开放所支配，并且首先被向作为 *weltbildend* 的人的世界的开放所支配。这种人本主义的目的论，我并不想批判它。无疑，现在更为紧迫的是要想到，不管我们多么想要否认和避免它，直到现在它一直是对生物主义、种族主义、自然主义等进行伦理-政治谴责时必须要付出的代价(在海德格尔的时代和处境是如此，但是到今天也并未完全改变)。如果我分析这种“逻辑”，这些两难或界限，这些预设或公理性的决定，尤其是这些颠倒或污染——我们看到这种“逻辑”在它们中处处受阻——那么毋宁说，这正是为了展示这种程序的那些可怕机制，以及构建这种程序的所有那些双重约束，并对它们进行形式化。这种程序是一种命定性吗？我们可以从中逃脱吗？没有任何标记能让人想到这一点，无论是在“海德格尔主义者”的论说中，还是在“反海德格尔主义者”的论说中。我们能对这种程序进行转换吗？我不知道。无论如何，我们不可能一下子并且在没有认清它最为狡诈的诡计和玄之又玄的权谋的情况下避免它。

现在，这种处境让我们从海德格尔的文本中读出了什么症状呢？如果所提出的分析确实阐明了动物不是以 *Vorhandenheit* 的方式存在于人类世界中，存在者对于动物来说一般也不是以 *Vorhandenheit* 的方式存在，那么，我们就不再知道还有何种存在模态为动物保留下来——为它本身和为我们，为人类的 *Dasein*。没有动物的 *Dasein*，既然 *Dasein* 的特征是通达存在者的“如此这般”和相关的追问可能性。很清楚，动物能够寻找猎物，能够估量、犹豫、追踪或者尝试捷径，但它不会真正地追问。同样，它可以使用物体，甚至把它们作为工具，但是它不能掌握 *tekhnè*[技术]。请允许我顺便指出，我所列举的四条引导性线索中的三条都交织在这个纽结中：问题、动物、技术。①

---

① 如果动物不能真正在它的生存兴趣之外提问，那么 *Dasein* 能够真正且（转下页）

但是另一方面，既然动物，它并不是 *Dasein*，对于我们来说尤其既不是 *Vorhandensein* 也不是 *Zuhandensein*，既然与它的 *Mitsein* 的原初可能性无法被严肃地设想，那么我们就既不能用生存论的术语也不能用范畴学的术语来思考它或谈论它，以致重新采纳在 *Sein und Zeit* 中建构生存论分析的这一对概念。于是，难道我们不可以说：对存在论的一切解构，正如它在 *Sein und Zeit* 进行的那样，由于它在生存论分析中从某种程度上解除了笛卡儿-黑格尔主义的 *spiritus*［精神］的职务，因而在它的命令、执行、概念配置等方面受到了那依然被模糊地称作动物的东西的威胁？毋宁说，是受到了一条关于动物性的论断的牵累，这条论断设定——这就是那条论断的不可还原的、并且我相信是独断的假设——存在着一种事物、一个领域、一类同质的存在者，我们将它称作动物性一

（接上页）完全严格地做到这一点吗？人们难道不可以表明：提问只是把追寻和侦查延迟了——当然是根据由最为复杂的条件所决定的那些方式（在差异与差异的延异中），因此只在于使生存兴趣转移，而最不连续的变化和转变也一直是一种迂回？只有如此这般的向-死-而-在似乎才能把扎根于生命中的提问悬搁和解放出来。无疑，这就是海德格尔所要说的。后来，他又强调动物不能经验（erfahren）“作为死亡的死亡”。这就是为什么它不能说话的原因（海德格尔：《在通往语言的途中》［*Unterwegs zur Sprache*］，第 215 页）。但是，*Dasein* 能经验到如此这般的死亡吗？即使通过预期？那会意味着什么？什么是向-死-而-在？对于一个从来没有被以本质的方式定义为生物的 *Dasein* 来说，死亡是什么？在此，关键并不在于把死亡与生命相对立，而在于询问：在如下这种论说中——对于这种论说来说，与死亡的关系、对死亡的经验与生物的生命不发生任何关系——我们能赋予死亡以怎样的语义学内容。（迪迪埃 · 弗兰克［Didier Franck］在此次讨论会过程中也曾触及生命问题。另参见“*Geschlecht*…”一文，载德里达：《心灵》，第 411 页。）

般(*en général*)，对于它来说，何种例子适合是无关紧要的。这是一条这样的论断：由于它的居间特征——正如海德格尔明确强调的那样(动物处在石头与人之间)——它完全是目的论的和传统的，不要说是辩证的了。

这些困难，比如至少我提交讨论的那道命题，在海德格尔的论说中从来没有消失。它们把一个重大障碍(hypothèque)产生的各种后果归咎于他的整个思想。而这一障碍，的确又最主要地集中于海德格尔称为精神的那种东西的晦暗性之中。

第七章

但是，对于那在此激发或引导海德格尔的东西来说，我们能在 *Geist* 这个概念或这个词语的晦暗性（l'obscurité）与精神本身的晦暗性（l'obscurité）之间作出区分吗？相应地，如果世界总是“精神之世界”，我们能在世界概念的晦暗性和世界本身的晦暗性甚至黯淡（l'assombrissement，*Weltverdüsterung*）之间作出区分吗？或许，在此说黯淡要比说晦暗（obscurcissement）更好。后面这个词（吉尔贝 · 卡恩为了法译本而选用了它），有过于理智的危险，并且在其笛卡儿式或瓦雷里式的风格中，也有这样的危险：指示着那能够影响观念之清晰性的东西。恰恰因为涉及的是世界（*Wertverdüsterung*）而既非观念甚至亦非理性；恰恰因为，在一种更为浪漫的夸张之深渊中，凭借其对根据（*Gründen*）与深渊（*Tiefe*）的呼唤，这篇关于精神性的 *Führung* 的演讲无论如何并没有给出“精神的领导规则”（*ad directionem ingenii*），所以或许，黯淡这个词对于它来说才更为合适。

问题看来不可避免，而且恰恰以此形式出现。因为，在我们刚刚由之出发的那一段来自《形而上学导论》的文字中，海德格尔正是在世界本身的因此也是精神的整个黯淡面前进行沉思。如果世界概念以及与它不可分离的精神概念始终保持着模糊，这难道不是因为世界与精神这二者本身已经——历史性地——黯淡下来？对人而非对动物而言的黯淡？有一种对于精神的 *Entmachtung*。它与这种世界黯淡相应和。它剥夺了精神的权能或力量（*Macht*），剥夺了它的王朝，由此它就废黜了精神。既然精神在这种 *Entmachtung* 中丧失了一种并非"自然的"权能，所以以后我就用废黜（destitution）来翻译 *Entmachtung*。[①]这样一种[权能的]丧失与向动物的愚钝的返回丝毫无关。正是在他开始澄清这种对精神的废黜之际，海德格尔在我们刚刚引用的那一段中宣布"动物没有世界"：

> 在我们说世界的黯淡时，"世界"指的是什么？世界总是精神的世界（*geistige Welt*）。动物没有世界，也没有周围世界的环境。世界的黯淡就是对精神的废黜（*Entmachtung*），就是精神的消散、衰竭，就是排除和误解（*Auflösung*，*Auszehrung*，*Verdrängung und Missdeutung*）

① Entmachtung，字面意思是"剥夺力量"或"对……力量的剥夺"。熊伟、王庆节中译文把 Entmachtung des Geist 译为"对精神力量的剥夺"。对应的法文翻译是 Priver l'esprit de son pouvoir ou de sa force。但德里达并没有直接用这种直译。——译者

精神。现在我们要从某一个方面，而且是从误解精神的这一方面来说明（*verdeutlichen*）这一对精神的废黜。我们说过，欧洲处于俄国与美国的夹击之中，这两个国家在形而上学上是相同的，也就是说，它们的世界特征（au caractère de leur monde，ou plutôt à leur caractère-de-monde，*Weltcharakter*）和它们与精神的关系（*Verhältnis zum Geist*）是相同的。由于这种对精神的废黜是从欧洲自身产生出来的，并且终于是由欧洲自身十九世纪上半叶的精神状况（*aus seiner eigenen geistigen lage*）所决定（尽管在此之前就开始酝酿），所以欧洲的景况就愈加成为灾难性的。十九世纪上半叶，我们这里发生了所谓"德国观念论的破产（*Zusammenbruch*）"。这一说法简直就像一个防护罩，在它的下面，那已经开始展现出来的精神萎靡（*die schon anbrechende Geistlosigkeit*），那精神力量的溃散（*die Auflösung der geistigen Mächte*），那对根据（*Gründen*）的一切本源追问（*alles ursprün glichen Fragens*）之被拒斥及其后果都统统被遮盖和藏匿起来。实际上，并不是什么德国观念论的破产，而是那个时代（*Zeitalter*）已经开始丧失其强大的（*stark*）生命力。结果不再能保持那一精神世界的伟大、宽广和本源性。也就是说，不再能真正实现（*verwirklichen*）那一精神世界。这种实现与仅仅应用一些命题与观点（des "points de vue"：*Einsichten*）完全是两码事。*Dasein* 开始滑入一个从未有过那个深度的世界，正是要从那个深度出发，并且每一次都以新的方式，本质性的东西才会向着人而来并返归于人，使人达到卓越状态并谈得上按照某一品级行事。所有的事物都陷在同一个层次上……占统治地位的维度变成了延伸和数量的维度。……①

这段关于精神废黜的话需要作几点原则性的评论：

第一，这并不是一种关于危机的论说。无疑，海德格尔求助于一种历史的决定，后者假设了一种 *krinein*［分离、分裂］的经验。无疑，对于他来说，这里的关键也在于唤醒欧洲与哲学的责任：在追问的使命面前的责任，在对根据进行本源追问的使命面前的责任。无疑，他首先怀疑的是某种压制或遗忘问题的技术-科学的客观性。无疑，胡塞尔也在这样思考："如何刻画欧洲的精神性的形象（*die geistige Gestalt Europas*）？"②然而，尽管与胡塞尔的《欧洲科学的危机与超

① 海德格尔：《形而上学导论》德文版，第 34—35 页；法译本，第 54—55 页（中译文见《形而上学导论》，熊伟、王庆节译，商务印书馆，1996 年，第 45—46 页，译文稍有改动。——译者）。

② 胡塞尔：《欧洲人性的危机与哲学》（*La crise de l'humanité européenne et la philosophie*），《胡塞尔全集》第六卷（Husserliana Bd. VI），第 318 页及以下；热拉尔·格拉内尔（Gérard Granel）法译本，第 352 页。这种欧洲形象恰恰是在人们不再赋予它以一种地理学的或地区性的区域的意义上是"精神性的"。它把它的名称赋予给"一种生活、行动、精神性创造的统一性"。这种对欧洲人（转下页）

(接上页)性的“精神性的”规定能够与对“爱斯基摩人、集市上围栏中展示的印第安人或在整个欧洲长期流浪的茨冈人”的排除相协调吗？在提出“如何刻画欧洲的精神性的形象”这个问题之后，胡塞尔事实上立刻补充道：“*Im geistigen Sinn gehören offenbar die englischen Dominions, die Vereinigten Staaten usw. zu Europa, nicht aber die Eskimos oder Indianer der Jahrmarktsmenagerien oder die Zigeuner, die dauernd in Europa herumvagabundieren.*”[“从精神方面说，英国的自治领，美利坚合众国，等等，显然都是属于欧洲，而爱斯基摩人或集市上围栏中展示的印第安人，或长期在欧洲流浪的茨冈人，则不属于欧洲。”译文引自胡塞尔：《欧洲科学的危机与超越论的现象学》，王炳文译，商务印书馆，2001年，第372页。——译者]英国的自治领保留于“精神性的”欧洲之中，这一点——通过那使这一阴森可怕的段落变得更为沉重的喜剧力量——会很可笑地表明一种哲学上的不一致，它的严重性可根据以下两个维度来衡量：第一，为了拯救英国的自治领以及它们所代表的权力和文化，因此必须要在比如好的印第安人和坏的印第安人之间作出区分。这种区分并不是很“合逻辑”，无论是在“唯灵论的”逻辑上，还是在“种族主义的”逻辑上。第二，这个文本是于1935年在维也纳发表的！

为什么必须要提起这一段，并且在今天引用它？有多重理由。第一，通过这个例子(它来自一篇一般并不被怀疑为是邪恶的演讲)，人们很容易想到：对精神的参照、对精神之自由的参照、对作为欧洲精神的精神的参照，已经能够或总是能够与人们想要反对的那些政治结成同盟。而这种对精神的参照，正如对欧洲的参照一样，无论是对于胡塞尔的思想还是对于海德格尔的思想来说，都不再是外在的或偶然的装饰。它在关于理性的超越论的目的论(作为欧洲中心论的人本主义)中，起到一种重大的、组织者的作用。动物问题从来都不太远：“……正如人，甚至是巴布亚人(我的强调，德里达)，代表着动物性的新阶段，即与动物相比的新阶段；同样，哲学的理性也是人性和它的理性的一个新阶段。”(《欧洲人性的危机与哲学》，在我的《几何学起源导论》[第162页]中我引用了这段话，请允许我参考该书。)“新阶段”，显然是欧洲人的人性的“新阶段”。欧洲人的人性被(应该会被)超越论的现象学的终极目的所穿越，正如对于海德格尔来说，它应当被对存在(它甚至还在超越论的主体性和理性动物的彼岸)的本源追问的责任所穿越。第二，人们常常合理地把胡塞尔与海德格尔对立起来，不只是就他们的思想而言，而且也就他们的政治历史而言。尽管海德格尔对那些事实或记述提出异议，但人们还是经常指责他参与了那些使胡塞尔成为其牺牲品的迫害。至少下面这个事实是超越于一切可能的异议而永远存在的：为了使《存在与时间》能够再版，海德格尔以某种姿态删除(这一次不是涂抹，而是删除[effacé])了其给胡塞尔的献词，这种姿态通过一种不可删除的、平庸而丑陋的涂抹重新构成了删除。这里不是处理这些问题和这些范围甚广的事实之处。但是还好的是，在这没完没了的、新证据总是不断增加的诉讼中，并没有过多的空白或不公正。以精神和欧洲的名义——既然这就是我们这里的唯一话题——一定不要忘记某些“牺牲者”所已经写下和已经思考的东西。而且总是以精神之名。海德格尔是否会赞同胡塞尔就茨冈人所说的一切？他 (转下页)

越论的现象学》或《欧洲人性的危机与哲学》有如此多的并非偶然的类似，尽管它们是同时的(1935)，海德格尔关于精神废黜和欧洲责任的论说仍与后者保持着根本的异质性。我们甚至可以走得更远：通过胡塞尔所做出的对那仍保持在笛卡儿传统内的超越论主体性的呼唤——即使唤醒它有时是为了反对笛卡儿——这种关于危机的论说恰恰又会构成[精神]废黜的症候之一。而如果有一种时代的“虚弱”以解释我们刚刚谈到的所谓“德国唯心论的破产”，那么这种“虚弱”某种程度上仍会与笛卡儿的遗产紧密相关，如 *Sein und Zeit* 中所阐释的那样；也会与这种对主体性形而上学所设定的存在的不追问(尤其在黑格尔那里，但同样也是在胡塞尔那里)密切相关。

无疑，海德格尔也会指控《精神的危机》(*La crise de l'esprit*)(1919)中那同样的笛卡儿遗产。在这另一部发表于两次大战之间的论著中，瓦雷里(Valéry)以一种如此不同的风格思考着我们是否可以谈论一种在“精灵”(génie)的历史或“欧洲心灵”(Psyché européenne)的历史中的“贬黜”(dégradation)。在此，人们还不能忽视的是：1919—1939 年间

(接上页)已经把“非雅利安人”排除到欧洲之外了吗，正如那知道自己就是“非雅利安人”的胡塞尔所做的那样？如果回答是“否”，看来很可能是“否”，那么是否可以确定：这是由于一些不同的原因，即与那使海德格尔远离超越论的观念论的原因不同的原因？他所做或所写的东西，更糟吗？哪里是最糟的？或许这就是精神的问题。

所有不安的论说都向一个共同的焦点汇聚或奔去，即：围绕着同样的词语（**欧洲、精神**），如果不是用同样的言语的话。但是，如果我们在所有这些论说之间挑选出某些使人不安而又意义重大的（尽管是部分的）类似之处，比如以海德格尔可能也会认同这样或那样的表达为借口，那么我们就会扭曲看问题的视角并将错失最尖锐的差异。瓦雷里是这样问自己的："开采地球的现象、技术均等的现象和民主现象——它们使人预见到一种欧洲的 *deminutio capitis*［人格减等或人格变更］——必须要被理解为命运的绝对的决定吗？抑或，我们有某种自由来反对这种对于事物的威胁性的咒语吗？"①

① 《文集》（*Variété*，巴黎：伽里玛，1924 年），第 32 页。瓦雷里、胡塞尔、海德格尔三人曾分别就作为欧洲精神的精神之危机或废黜作了论说。对这三种论说的比较分析会显示出一种独特的形态、一些按一定方式相互交换的典型联系。瓦雷里似乎有时更近于胡塞尔、有时更近于海德格尔，有时又远离二者。他谈到"一种欧洲文化的失落的幻象"（第 16 页）。他以对灰烬与诸种魂灵的召唤开始。"我们很清楚地知道，所有表面的土地都是由灰烬组成，我们知道灰烬意味着某些东西。透过历史的重重帷幕，我们隐约看到那些满载着精神财富的庞大船只的幻影"（第 11—12 页）。后面就是那个著名的段落："艾尔辛诺（Elsinore，丹麦地名，以莎士比亚《哈姆雷特》中的丹麦城堡而命名——译者）的巨大平底船，它从巴塞尔（Bâle）行到科隆（Cologne），接触过纽波特（Nieuport）的沙滩、索姆（Somme）的沼泽、香槟（Champagne）的白垩（craies）、阿尔萨斯（Alsace）的花岗石"，正是从这些地方，"欧洲的哈姆雷特看到了成千上万的幽灵"（这只是在 1919 年）。接着瓦雷里区分了欧洲的哈姆雷特和他的副本，"一个""沉思着诸种真理之生与死"的"理智的哈姆雷特"。"他有我们全部的争论对象作为他的幻影"，而且他"确实不知道该如何处理所有这些头颅"（列奥纳多、莱布尼兹、康德、黑格尔、马克思）："——别了，幻影们！世界不再需要你们。也不需要我。世界，它把它对一种必定的精确性的追求命名为进步，它力求把死亡的好处统一到生命的善行上来。虽然仍有某种混乱到处弥漫，但这并不太久，一切都将清楚明白；最终我们将看到一个动物社会的奇迹出现，一个完满的、最后的蚁群"（第 20—22 页）。后来，在 1932 年，在《精神的（转下页）

(接上页)政治——我们的至善》一书中，瓦雷里提出了一种总的来说是足够古典的精神定义，甚至是新黑格尔主义的、否定辩证法的定义，即把精神规定为那总之"总是说不"、而且首先是对"它自身"说不的东西。关于这个定义，瓦雷里说：它并不是"形而上学的"。他用"形而上学的"这个词所理解的是转换与对立所具有的物理的、经济的、动能的强力(这种理解是极其形而上学的)："但是现在我必须要通过向你们展示下面这种东西来完成这幅有关无序的图画和这个混沌的组织，这种东西既观察它又供养它，既不能忍受它也无法否认它，这种东西就其本质而言不断地自行分裂、反对自身。这里涉及的就是精神。我就精神这个词所理解的完全不是一种形而上学的实体[这是瓦雷里的不可见的引号]；我在此所意指的纯然是一种*转换的强力*，考虑到[……]某些我们只能归因于一种与自然能量的活动非常不同的活动的变化[……]，我们可以把这种强力孤立出来；因为相反，这种活动就在于使这些被给予我们的能量相互对立，或者在于把它们结合起来。这种对立或强制是这样一种东西：它或者导致时间的增多，或者促成我们本己力量的节约(/经济，économie)，或者致使强力、精确度、自由或我们的生命期限得以增长。"(《文集》Ⅲ,第216—217页。)精神的否定的经济，只是其自由的起源。这种经济使精神与生命相对立，并使意识成为一种"精神的精神"。但是，这种精神始终保持为人的精神。人"因此以*反对自然的方式*行事(agir)，他的行动属于那些使*精神与生命*相对立的行动[……]。他已经在不同的程度上获得*自身意识*，这种意识不时地使人与他所是的一切之物相分离，并因此使人甚至能与其本己的人格相分离；*自我*有时能把它自己这个人看作一个几乎陌生的对象。人能够自我观察(或相信他能)；能自我批判、自我约束；这是一种原初的创造，一种尝试：尝试创造我将冒险称为精神之精神的东西"(第220—221)。确实，精神与生命的这种对立有时被理解为一种单纯的现象，甚至一种表象(apparence)："由此精神似乎厌恶并且逃避那深层的有机生命的过程本身[……]。这样，精神因此就的确与生命机器的姿态相对立……它展开(……)感性的(……)基本法则"(第222—223页)。

在瓦雷里的这种夸夸其谈或妙论的耀眼的独特性下，人们认识到的是那些深处的不变之物，那些重复：它们的作者反对它们就如自然反对精神。这些哲学要素(philosophème)所归属的方案和组合规则与黑格尔、胡塞尔以及海德格尔的是同一个。只是对有关特征的分解或置换。比如：第一，如果精神和自然以及生命相对立，那么它就是历史，并且"一般说来，*快乐的人们没有精神*。他们并不是非常需要精神"(第237页)。第二，欧洲并不被地理学或经验性的历史所规定："你们要原谅我赋予欧洲和欧洲人这些词以一种稍多于地理学的和历史学的含义，相反某种程度上是*功能性的*含义"(《文集》，第41页)。单是这最后一个词就可能会——在这个巨大且虚构的欧洲会议上——激起其他参与者的抗议，尤其是德国参与者：这种"功能主义"太自然主义同时又太技术主义了，太"客观主义"、"机械主义"、"笛卡儿主义"了，等等。第三，危机作为精神的废黜："因此这种精神是什么？它如何能够被世界的现实状况所触动、(转下页)

第二，如果 *Entmachtung* 注定使精神陷于无力或无能，如果它剥夺其力量或其权威的经脉（吉尔贝·卡恩的翻译：对精神的“神经切除”[énervation]），那么就力量而言，这意味着什么？意味着精神既是一种力量又不是一种力量，它既有权力又没有权力。如果它自在地是力量，如果它是力量本身，那么它就不会失去力量，也就不会有 *Entmachtung*。但是，如果它不是这种力量或权力，那么 *Entmachtung* 本质上就不会影响到它，也不会属于精神。因此人们就既不能说此也不能说彼，人们应该说此和彼：那把世界、力量、精神这每一个概念都一分为二的东西。这些概念中的任何一个的结构都打上了它与它的副本的关系的标记：这是一种萦绕的关系。一种萦绕，它既不让自己被分析、分解到感知的单纯性中，也不让自己被溶解到后者中。这是因为：有副本，*Entmachtung* 才是可能的。但也只是可能的，既然一个幻影既不实存也不把自己呈交给任何感知。但是，这种可能性足以

（接上页）击中、减弱、贬抑？精神事物的这种悲悯，精神之人的这种绝望、忧虑，它们都是从哪里来的？”（《文集》，第 34 页，另参见《精神的自由》[*La liberté de l'esprit*]，1939。）这就是他们在这个想象的研讨会上、在这个汇聚了二十多年来欧洲最伟大的精神的不可见的大学里全部思考的问题。他们相互回应、辩论或翻译（/转渡，traduisent）同一个可敬的忧虑：因此，我们身上发生了什么？因此，欧洲发生了什么？因此，精神发生了什么？它从何而来发生到我们身上？还是从精神而来吗？

最后结论，灰烬：“那已经吞食了一切、不再知道干些什么的知识，现在开始考虑那一小堆灰烬和它刚刚用宇宙和香烟做成的烟雾了”（《手册》第 26 卷[*Cahiers*，t. XXVI]，第 26 页）。

使精神的废黜变得先天就是命定的。当人们就精神或精神性的世界说它既有又没有力量时（萦绕或副本即由此而来），这涉及的只是矛盾的陈述吗？那种知性的矛盾？思想不应该停滞在这种知性的矛盾上，正如海德格尔在针对既有又没有世界、既有又没有精神，以及既有又没有问题的动物这一主题时曾经说过的那样。在思想面前，幻影会像知性甚至理性的幻觉那样消失吗？

第三，海德格尔说，废黜是精神专有的一种运动，它源自精神内部。但是，这种内部也必须要包含幽灵的双重性，一种内在的外部或体内的外在性，某种进入精神的独白内部以便萦绕住它的邪恶精灵（malin génie）。这种精灵使精神说着腹语，由此使它遭受某种自我迫害的分裂。此外，在这同一段的稍后，海德格尔还提到了恶魔（le démonique）的名字。显然，这并不是笛卡儿的**恶魔**（le Malin Génie）（然而，德语是 *böse Geist*）。相反，对于**恶魔**的夸张性的假设，恰恰要让步于那对海德格尔来说表示恶的东西本身，这种东西在精神废黜的一切形式中萦绕着精神，这些形式有：*subjectum*［主体］设定中的 *cogito*［我思］的确定性、由此导致的本源追问的缺席、科学的方法主义、平均化，还有量、广延和数的主导地位等如此多的典型的“笛卡儿式的”主题。所有这一切——它们容忍谎言（指笛卡儿的第二重怀疑）（mensonge）和毁灭——就是恶，就是陌异者：在精神之中陌异于精神。当海德格尔命名恶魔时，[1]他在一个小括号中明确指出：在毁灭性的邪恶的意义上（*im Sinne des zerstörerisch Bösartigen*）。恶的精神性的本质。在这里，海德格尔的某些表达在字面上是谢林式的。我们将会在他关于特拉克尔的文本中重新发现这些表达，在那个文本的中心包含有一种作为精神之折磨的恶的思想。"精神性的黑夜"，或者"精神性的（*geistliche*）黄昏"（*geistlich* 是特拉克尔的表达，海德格尔想使它既摆脱关于 *Geistigkeit* 的形而上学又摆脱 *Geistlichkeit* 的基督教涵义——因此是一个将发现自身被双重化的词语），它们与[海德格尔]二十年前就世界和精神之黯淡所说的东西并非没有深刻的关联。同样，《形而上学导论》中的精神的 *Entmachtung*，与人的解体，或毋宁说——我们马上就讨论这一点——与"*verwesende Geschlecht*"[腐朽的种类]，如海德格尔于《在通向语言的途中》将要阐释的特拉克尔的 *O des Menschen verweste Gestalt*[哦，人的腐朽形象]，也并非没有关联。

精神废黜因此就是一种自身废黜（destitution *de soi*），一种弃绝。但是，影响精神、分裂精神的必须是精神的他者（然而又是它本身）。这一点，海德格尔并没有明言，至少没有以这种形式，尽管在我看来，当他说到恶魔的时候，应当蕴含着这种副本的返回之意。

---

① 海德格尔：《形而上学导论》德文版，第 35 页；法译本，第 56 页。

第四，精神的弃绝产生出 *Umdeutung*[曲解]和 *Missdeutung*[误解]，并作为后两者露面：同时既作为差异或解释性的转变(mutation interprétative)，又作为对精神意义、精神本身的误解（mésinterprétation）。在此，我们将无法沿着那对 *Umdeutung* 和 *Missdeutungen* 的四种重要类型进行分析的几页文字继续前行。然而，每个词本来都值得这样做。

（一）在理智（*Intelligenz*）、知性（*Verständigkeit*）、计算（*Berechnung*）和批量分配（*massenhafte Verteilung*）中，在文人和美学家以及那些“单纯才智性的”东西（*das Nur-Geistreiche*：在机智、“风趣”的意义上）的盛行中，[①]有一种对于精神的弃绝。这种所谓属于精神的理智文化因此只表现为精神的假象和匮乏。不言而喻，在海德格尔眼中，我刚刚提出的那些命题形式(悖论、推理矛盾——以及因此一种萦绕结构)，都泄露出了精神在知性计算权威面前的同样的弃绝。我必须要明确我不会同意这种诊断吗？由于没有提出其他的诊断，我现在所做或打算要做的一切，只能是开始思考——我甚至都不再说追问——这种诊断法的公理系统，以及它以一种依然是相当黑格尔式的方式所赋予给知性的地位，直至命令，甚

① 这一句中的“单纯才智性的”、“机智”、“风趣”的法文原文分别是：“seulement-spirituel”、“le bel esprit”、“avoir-de-l’esprit”。第一个中有“精神性的”(spirituel)这个词，后两个中有“精神”(esprit)这个词，但在中译文中无法体现这种呼应关系。——译者

至追问的“虔诚”。我们稍后就回到这一点上。

（二）有一种对于精神的工具化。正如柏格森一样——至少是在这一点上(现在我们知道，海德格尔对柏格森的阅读要比他的文本让人们相信的更多)——海德格尔在这个地方把理智(*Intelligenz*)、这种对于精神的篡改与工具(*Werkzeug*)和工具化联结在一起。在这一段中，马克思主义被提到两次：精神之向上层建筑的虚弱智能的转化，或者对称地，如果可以这么说的话，民族组织作为生机勃勃的群众或者种族。至少下面这几行文字是可以让人听到这种教化腔调的。他针对的是既存在于俄国也存在于德国的肉体崇拜。我相信这是在那难忘的柏林奥运会(依然是希腊-德国轴心和对体育场诸神的高扬)之前的一年：在那一届奥运会上，一个 *Führer* 拒绝与杰斯·欧文(Jesse Owen)这个黑人田径选手握手：

> ……肉体的所有真正力量和美，剑之稳当与冒险(*Kühnheit des Schwertes*)，还有理智之老实(*Echtheit*)与机灵，都植基于精神之中，它们只有在当下精神的有力或无能(*Macht und ohnmacht des Geistes*)中，获得提高(*Erhöhung*)或陷于崩溃(*Verfall*)。[①]

① 海德格尔：《形而上学导论》德文版，第 36 页；法译本，第 57 页(稍有改动)(中译文见熊伟、王庆节中译本，商务印书馆，1996 年，第 47 页。——译者)。

（三）当精神性的世界在工具面前弃绝时，它就变成了文化或文明（*Kultur*）。为了解释这一点，海德格尔引用了他1929年发表的演讲（《形而上学是什么？》）。他从里面抽出了那段对两种大学统一体进行区分的文字：一种是坏的大学统一体，即技术的或行政的统一体，它徒有统一体之名；一种是真正精神性的统一体。后者单独是一种真实的统一体，因为精神的本性正是统一。在勾勒大学所缺乏之物时，海德格尔给出了一个对于精神的定义，在我看来，该定义在他的著作中再也没有改变过：“*eine ursprünglich einigende, verpflichtende geistige Macht*”，一种本源地进行统一、约束、指派和赋予义务的精神性的强力。[①]

（四）第四种弃绝形式：对精神的参照可以变成文化宣传或政治操作的主题，特别是当俄国共产主义在已经损害精神之后又改变策略转而求助于精神之际。在这一点上，海德格尔的论证表现出一种可怕的暧昧性：当他自己的策略也发生了变化，并从对精神的解构过渡到对精神的颂扬时，那么，*mutatis mutandis*［在经过必要的变更之后］，他自己的策

① 法文原文为“une puissance spirituelle qui originairement unit et engage, assigne, oblige.”德里达用 engage，assigne 和 oblige 这三个法文词同时翻译 *verpflichtende* 这一个德文词，意在强调这个词里的多重含义。为了表达德里达的“理解”，我们照德里达的翻译译成中文。《形而上学导论》中译本中这一句的译文是：“原始协调一致、情理逼人的精神力量”，见海德格尔：《形而上学导论》，熊伟、王庆节译，商务印书馆，1996年，第48页。——译者

略——这种策略也是政治的——又是怎样的呢？

在揭露了这第四种误解后，海德格尔再一次对精神作了规定，这一次是通过引用《大学校长就职演说》来进行。但是在这次引用中，又有什么惊人之变？然而又是如此小心谨慎的惊人之变，以致人们从来没有注意到它？[①]引号之缄默无语的游戏。因为我们严肃对待那在此游戏中进行游戏者。我们总是对阅读信号的这种戏剧手法——它也是一种语用学——感兴趣，对印刷工人的这些傀儡中的关键因素(/游戏因素，l'enjeu)感兴趣，对这种手法翻转感兴趣，对一种如此灵活多变的手工书写感兴趣。手法飞快。它于沉默中操纵着(machine) fort/da[②] 的瞬间交替(而这种操纵显然无需机器

---

① 比如贝达·阿勒曼(Beda Allemann)就写道："精神是海德格尔自《存在与时间》以来除非在引号中否则就不再使用的那些词语之一。它是绝对形而上学的基本话语之一。"(《荷尔德林与海德格尔》[*Hölderlin et Heidegger*]，F. 费迪耶[F. Fédier]译，法国大学出版社，1959 年，第 219 页)但是相反才是真实的，有大量例子，我们可以不停地证实这一点。自 *Sein und Zeit* 之后，海德格尔恰恰是不再在引号中书写精神。甚至在他身上还发生了这样的事：事后把在一本先前出版的著作(《大学校长就职演说》)中还出现的引号删除了。我们马上就能在一个例子中看到这一点。

② fort 这里是德文，意指"离去、离开、不见了"；"da"也是德文，在此处意指"在这儿、在这里"。因此 fort/da 意指"消失"与"出现"或"缺席"与"在场"的交替。弗洛伊德(Freud)在《超越快乐原则》一书中曾描述了一个孩子不断地把一个线球扔出去又拉回来的游戏，并且每次在线球被扔到他看不见的地方时，他都会喊"fort"的声音，而在把线球重新拉回时又会喊"da"的声音。因此弗洛伊德发现这是一个"消失与再现"的完整的游戏，其意义在于以一种游戏的戏剧化方式弄清他母亲走开与重新出现这件事，从而对这件事不再大惊小怪，并克服母亲走开给他带来的痛苦。参见弗洛伊德：《超越快乐原则》，载《弗洛伊德文集》第四卷，车文博主编，长春出版社，2004 年，第 10—11 页。——译者

[machine]）；操纵着这些微小的无声形式的突然显现与紧接着的消失，这些形式根据它们是被显示还是隐藏而言说一切、改变一切。人们把它们展示出来，然后进行整理。这时，人们就可以谈论一种压制、一种隐藏，而另外一些人则会说到一种否认，让我们说，迫使就范（*mise au pas*）。操作被恰如其分地引导着，被师父的手引导着。我想起在德语中，“引号”（guillemet）被说成是 *Anführungsstriche* 或 *Anführungszeichen*。*Anführen*，引导、带头，但也是欺骗、嘲弄或哄骗某人。

这种惊人的变化在于何处？无疑在于：在这个独一无二的情形中，在对一个已经发表的文本的引用中，有一种对于引号的压制——我们不敢说是对引号的查禁——在起作用。从同一个作者的文本中[引用]，这个文本的唯一的发表版本本来带着引号，而在同一个作者对他自己的引用中，这个引号本身却一下子被去掉了。在《大学校长就职演说》对精神所作的定义中，引号依然存留着，但已经完全是例外的残存。在两年后的《形而上学导论》对此定义的引用中，它们消失了。

这就是那唯一的改动，海德格尔并没有标明它。然而，他标出了他刚刚引用的《大学校长就职演说》的页码。因此，为了觉察到一个被如此回避的修改，我们必须要极其留意。或许是由于意识到那次疏忽，这次修改所起的作用就像是通过一次悔恨来抹平另一次悔恨：不可见的涂抹，对那样一种事物的隐约可辨的涂抹，那种事物已经(如引号每次所做的那样)勾勒了一次涂抹的文雅动作。下面就是那段对精神的定义(为了引用而被加上引号，而在被如此“更新了的”引文中，加在 *Geist* 上的引号却被去掉了)。

> 精神[在《大学校长就职演说》里处于引号中]既不是空洞的洞察力和无所束缚的智力游戏，也不是漫无边际的知性分析，甚至也不是世界理性；相反，精神[在《大学校长就职演说》中，此处的引号已经被去掉了]是面向存在之本质的、原初被规定的、认知着的决断[或坚决的敞开(l’ouverture déterminée)：*Entschlossenheit*]。①

如何唤醒精神？如何把它从弃绝引向责任？通过把它重新唤回到对存在问题的操心，并且凭借同一运动，在这同一运动之中，使它承担起发送(l’envoi，*Sendung*)，承担起一种使命：作为西方中心的我们这个民族的历史使命：

> 精神是对存在者整体本身的权能的授与(*die*

① 海德格尔：《形而上学导论》德文版，第 37—38 页。我所引的是热拉尔 · 格拉内尔(Gérard Granel)的法译本(第 13 页)，因为我前面已经引用了同样的段落。它与吉尔贝 · 卡恩(Gilbert Kahn)在《形而上学导论》法译本(第 59 页)中的译文有相当大的出入。但是这种区别并不明显影响到引号的作用。

Ermächtigung der Mächte des Seienden als solchen im Ganzen)。精神在哪里主宰(*herrscht*)着，存在者本身在哪里随时总是存在(*seiender*)得更深刻。因此，对存在者整体本身的追问，对存在问题的追问，就是唤醒精神(*Erweckung des Geistes*)的本质性的基本条件之一，[①]因而也是历史性此在的本源世界，因而也是防止世界黯淡的危险，因而也是承担处于西方中心的我们这个民族的历史使命(*geschichtliche Sendung*)的本质性的基本条件之一。[②]

对精神的唤醒，对其强力的重新居有，因此再一次是通过追问的责任发生，一如这种责任是被托付、赋予、指定给“我们这个民族”一般。同一章的结尾则通向民族与存在的关联(*Bezug*)在其中得以建立的语言的命运(*Schicksal der Sprache*)。这一点清楚地表明下述所有责任都交织在一起：我们这个民族的责任，存在问题的责任，以及我们的语言的责任。在讨论“存在”一词语法的那一章的开头，依然是那种精神性的品质在规定着德国语言的绝对特权地位。

为什么一门语言具有这种不可通约的特权？为什么这种

① “基本条件之一”，德里达所引的法文是“基本问题之一”(une des questions fondamentales)。查德文原文应是“基本条件之一”。兹根据德文版改。——译者

② 海德格尔：《形而上学导论》德文版，第38页；法译本，第59—60页，稍有改动(中译文引自熊伟、王庆节中译本，第49—50页，稍有改动。——译者)。

特权是从精神方面得到规定的？其“逻辑”会是怎样的，如果我们还能够在一个对言语（le langage）与语言（la langue）[1]的本源性进行裁决的领域中谈论逻辑？

为这样一种特权进行辩护的“逻辑”是不同寻常的，自然也是唯一的，但又是不可辩驳的，且被托付给一种悖论，后者的形式应值得详细阐发。它引起的思考或者是最严肃的，或者是最愉快的，全视心情而定。（这就是我喜爱海德格尔的地方。当我思考他、阅读他的时候，我同时感受到这两种震颤。这总是充满了可怕的危险和疯狂的滑稽，当然是既庄重严肃而又带一点喜剧色彩。）在我马上要引用的这一著名的段落中，我将强调两点，对于这两点，人们或许并没有给予所有必要的注意：

> 西方语法学之形成（*Ausbildung*）是从希腊人对希腊语言的思考（*Besinnung*）中得出来的，这件事将其整个含义传给了整个过程。因为此一语言（从思之可能性上看

① Le langage 与 la langue 都表示“语言”的意思，但区别在于：langage 着重于指语言活动、语言的运用、语言技巧的掌握、某个社会集团或个人的说话方式等。而 langue 一般指某一国家或某一民族使用的不同种类的语言，着重在语言的本质及其分类，亦可指某一社会集团、某门学科或某个人的用语（参见《法汉大词典》，黄新成、胡宗荣、柏令茂、刘盛仪主编，上海译文出版社，2002 年，第 1977 页）。德里达下文（详见第九章）把海德格尔的 Sprache 视不同的语境分别译为 langage、langue 和 parole。我们将 langage 译为“言语”，将 langue 译为“语言”，将 parole 译为“话语”。——译者

来）是与德国语言并立（*neben der deutschen*）为最强有力（*die mächtigste*）同时最富精神性的（*geistigste*）语言。①

有待强调的两点、因此也是两处极其独特的不对称是：

第一，第一个不对称使希腊语言和德国语言与世界上的所有其他语言之间的关系失去了平衡。海德格尔并不只是想要提醒人们：我们总是在一种语言中思考，无论是谁断定这一点，他依然必须要在他的语言中进行，既不能也不应该置身于某种元语言的中性之中。事实上，人们必须在他的语言中对这一定理进行签名认同。一个这样的签名从来都不是个体性的。经由语言，这种签名进入到一个民族或一个共同体之中。不，上述这样的命题并不与海德格尔的思想相符，它倒可能与语言学的-文化上的和人类学的相对主义相符，这种相对主义认为：所有这些共同体都在思想着并且是在它们的语言中平等地思想。海德格尔会说：这样一个命题并不与思想相符，就后者唯一地与存在相符而言，而且这种相符唯有根据一门语言的独特的事件才有可能：这门语言能够命名存在、召唤存在，或能够被存在所倾听——毋宁说——召唤。

① 海德格尔：《形而上学导论》德文版，第 43 页；法译本，第 67 页，稍有改动（中译文引自熊伟、王庆节中译本，第 56 页，稍有改动——译者）。

德语与希腊语的这种联结在一起的特权，对于思想而言，对于存在问题而言，因此对于精神而言，在此是绝对的。这是海德格尔处处暗示的。但是，在《明镜》周刊（*Spiegel*）的访谈中，海德格尔以某种平静的傲慢、或许有点素朴的方式述说着这一点。既语带锋芒，同时又无所防备，我要说，以“我们的”语言——没多少机智才情（sans beaucoup d'esprit）可言。[①]在这样的句子面前，人们很可能会想给我的标题加上一个极其拉丁式的感叹号：de l'esprit，见鬼去吧！（que diable！）（立刻就是魔鬼[diable]的返回，在 *Geist* 之心脏处的副本的返回。）

下面就是当人们把话筒或《明镜》周刊递到他面前时的某个海德格尔：

> 我在思考着在德国语言内部的某种与希腊语及其思想之间的特别的亲缘关系。这是今天的法国人不断地向我证实的一件事。当他们开始思想时，他们便说德语：他们确信，他们在他们的语言中无法进行思想。[②]

---

① l'esprit 在修饰人们的话语时，多是机智、风趣、才情之义。德里达在这里是在同时利用这个词的多重含义进行“游戏”。——译者

② 《马丁·海德格尔〈明镜〉周刊访谈：关于历史与政治的答问》（*Martin Heidegger interrogé par 《Der Spiegel》. Réponses et questions sur l'histoire et politique*），让·洛奈（Jean Launay）翻译，法兰西信使（Mercure de France），1976 年，第 66—67 页。

我们想象得出讲这些知心话或不如说这种“证实”的场面。海德格尔当然没有虚构：“他们”向他们的老师抱怨着他们的语言，并且我们还可以设想，是用那个老师的语言。说到底，这种声明并非必然地没有真理。它甚至可以变成一个自明之理，如果我们接受下面这条基本公理的话，按照这条公理，*Geist*、*Denken*、*Sein* 以及其他一些词语的意义无法被翻译，因此只能用德语进行思考，即使他是一个法国人。人们用德语还能言说和思考其他什么呢？但是这种独断的确信——它被一种在其所言说之物以及所显示之物中的、恰当地说是侵略性的声明的无礼腔调所加剧——在它自身中会有充分的根据以引起对它自己的怀疑。这种蛮横无理甚至都不是挑衅性的，它潜伏在重言式中。费希特曾经在他的《对德意志国民的讲演》中以同样的“逻辑”说过类似的内容：那在进行思想并因此在其“自由”和“永恒的进步”中渴望着“精神性”的人是德国人，他是属于我们的（*ist unsers Geschlechts*），无论他在哪里出生，也无论他说何种语言。相反，那不进行思想也不渴望这样一种“精神性”的人，即使他生为德国人，即使他似乎说德语，即使他具有所谓语言学上的德语的能力，他也是“非德国人并且对于我们而言是陌生的”（*undeutsch und fremd für uns*），希望他把自己与我们完全分离开。①

① 费希特：第七讲演（Septième discours），第 121 页；法译本，稍有改动，第 164 页。

第二，然而，这种与相对主义的决裂又并非一种欧洲中心论。会有多种方式表明这一点。其中之一会是使人想起，由于这首次的竞相哄抬，它便并非一种欧洲中心论，而是一种核心欧洲-中心论(*centre-européo-centrisme*)。因为未来某一天，一种另外的不对称将打破——而且恰恰是在 *Geist* 这里——希腊-德国这条轴心。总之二十年后，海德格尔将不得不提示说：希腊语言并不具有词语来言说、因此来翻译 *Geist*：至少是 *Geist* 的某种 *Geistlichkeit*，如果不是 *Geistigkeit* 的话。希腊语言，亦即：既是哲学语言同时也是福音语言。因为，如果说在对谢林的解读中，并从谢林的角度出发，海德格尔似乎作出了如下让步：*Geist*(它无论如何从来都不是 *spiritus*)至少命名着与 *pneuma* 同样的事物；[①]那么，在其与特拉克尔的 *Gespräch*[对话]中，海德格尔就确认了：在特拉克尔那里，*Geist* 和 *geistlich* 首先说的是火焰而非 pneumatique[②] 气息或吸气(le souffle ou l'inspiration)。于是形容词 *geistlich* 甚至就丧失了那使它通常与世俗之物或形而上学的 *Geistigkeit* 相对立的基督教上的灵修(spiritualité)的涵义。这种 *Geistlichkeit* 的 *Geist* 只有在

① 海德格尔：《谢林论人类自由的本质(1809)》(*Schellings Abhandlung über das Wesen der menschlichen Freiheit*[*1809*])，第 154 页；J.-F. 库尔蒂纳(J.-F. Courtine)法译本，巴黎：伽里玛出版社，1977 年，第 221 页。

② 精神的、圣灵的。这里之所以不翻译，是因为德里达在这里强调：这个来自希腊语的词语在海德格尔那里与它的德语对应词 geistlich(精神的、圣灵的)并不是一回事。——译者

我们的语言中才能被思考。

于是就有两种相配对的语言：希腊语和德语，它们共同具有最大的精神丰富性，但只有一种能命名它们共同具有之物，尤其是它们共同所是之物，即：精神。而命名，就是给出以供思考。因此终究以及最终，德语是那唯一能命名这种最为卓越或至为卓越之物(*geistigste*)的语言；总之，它只是在某种程度上才能与希腊语分享这种卓越之物。归根到底，它是那唯一的语言：精神在它之中前来自行命名它本身。[之所以说]归根到底、最后，[是]因为在 *Geist* 和 *pneuma* 之间的间距直到 1953 年、直到那样一个时刻才将被标明：在这一时刻，*geistig* 与 *geistlich* 之间的差异，紧接着，在 *geistlich* 内部，那种传统的基督教的意义与一种更为本源的意义之间的差异也将被标明。但是在 1935 年，在《形而上学导论》中，那希腊语与德语所共同拥有之物，仍是最为伟大的 *Geistigkeit*，而它将在 1953 年被定义——实际上是被宣布——为一种柏拉图哲学的遗产。

在这种情况下，不对称的暴力依然不应当使人惊讶。这种不对称同样近乎自明之理，或者近乎重言。宣称由希腊语和德语共享的那种特权是 *Geist* 的特权——如海德格尔在《形而上学导论》中所做的那样——这就已经中断了这种共享并再次加强了不对称。我们无法要求希腊人对此赞同。如果希腊人表示赞同，他至少会用他的语言表示。他会说：是的，*pneuma*，确实，从思想(*noein*？)的可能性来看，我们的两种语言是最为 pneumatiques 或最 pneumatologiques。他或许还会用别的词，但不会忘记要求得到希腊语的特权：唯一能够言说和思考 *pneuma* 的特权。更可能的是，按照这种虚假的自明之理的逻辑，[①]我们可以保证，希腊人做梦都不会想到会在某个

① 我们前面已经提示过，所有这一切都显得“有点喜剧色彩”，尽管其关键问题很是沉重。对这种喜剧保持敏感，就是说，依然能够笑对这样或那样的手法，这可能会变成一种义务（伦理的或政治的，如果人们愿意）和一种运气，尽管从康德到海德格尔如此之多的德国哲学家都已经明确地对 *Witz*、*wit* 或（“法国式的”）“机智/风趣”（l'《esprit》）、对机智的运气（la chance *de l'esprit*）深表怀疑。在各种欧洲语言的合奏中，我们已经听到了希腊语、德语、拉丁语、法语。但是，在此请让我们把那或许太靠近欧洲中心的东西松动一下，这个中心被束缚于、被压制在“钳子”之中，被抑制甚至被镇压在“中部”。为了能够重新呼吸和稍微喘口气，离心（*excentricité*）难道不是必须的吗？因此我要提示一下马修·阿诺德（Matthew Arnold）在他的语言中的英国式的精神（/机智，l'esprit）。那些读过《友谊的花环》（*Friendship's Garland*）的人会记得“……关于‘*Geist*’的伟大学说”，以及在第一封信中，“我如何把阿米纽斯（Arminius）和‘*Geist*’介绍给英国公众”。有些片断促人反复阅读，而阅读它的人即使是在上个世纪（指十九世纪。——译者），无疑也不是对 *Geist* 的某种不可翻译性毫无感觉。他无论如何都知道把 *Geist* 原封不动地留在他的语言中：“‘自由主义与专制！’普鲁士人呼喊道；‘让我们超出这些形式与词语。那把分离的人们统一在一起的现在是 *Geist*。……在那里你们将会发现我们在柏林把’‘*Geist*’——*intelligence*，正如你们或法国人可能说的那样——与‘*Ungeist*’相对立。‘*Geist*’对于‘*Ungeist*’的胜利，我们认为是世界上最伟大的事业。……我们北日耳曼人以我们的方式为‘*Geist*’工作……在你们的中产阶级中，‘*Ungeist*’四处蔓延；至于你们的贵族政体，你们知道‘*Geist*’本质上是禁止在一种贵族政体中繁荣兴旺的。……赢得这场奥地利对普鲁士战争的，是‘*Geist*’……在离别之际我把这条建议送给你：‘*Get Geist*’。‘感谢上帝，这个 d——d 教授（像帕默斯顿爵士那样说话）现在终于回到他自己的 *Intelligenz-Staat*[理智国家]了。我隐约希望着下次普鲁士在维也纳面前也能有一个粉碎性的失败，使得我的幽灵似的朋友转喜为悲。”这十二封虚构的信和《文化与无政府》（*Culture and Anarchy*）一书密切相关，它们被收在1871 年的一本书中。阿诺德在担任编辑工作和编写注释中获得了极大乐趣：“我想如果我在每一条注释后面都加上编者注的字样，那就更加狂妄和 *bête*[愚蠢]了。编写注释毋宁是一种娱乐。”这段话是他给他的编辑的一封信：其中 *bête* 是斜体，因为它在文中是法文，正如 *esprit* 在康德的《人类学》 （转下页）

时刻理所当然地把德语与这种要求联结在一起。一刻都不会，甚至暂时的也不会，如海德格尔在 1935 年还在做的那样。

（接上页）中出于相同的原因（见前文）[也是斜体]一样。这就是轮到我想要强调的地方。这个关于 *Geist* 的寓言居然是通过一个精神之口、通过一个“幽灵似的朋友”之口而发生的，这个人们非常想嘲笑的、隐约地希望（“half hope”）[他]“转喜为悲的”（“on the wrong side of his mouth”）“幽灵似的朋友”。

顺便说一下，*Get Geist* 几乎是不可翻译的，不只是因为 *Geist*，而且还是因为 *Get*。此 *Get* 同时意味着有、变成和存在。它的那种并非显而易见的幽深，完全不可译。*Get Geist*：1. 有，能够获得、得到、赢得或领会（某个或整个）*Geist*。2. 你们自己是或变为、学习变为 *Geist*。*Geist* 于是既作为属性起作用（变为“精神”，正如人们会说“get mad”、“get married”、“get lost”、“get sick”、“get well”或“get better”那样），又作为名词起作用（“get religion”：你们皈依）；总之，你们本身变为或具有精神本身。难道，我们没有看到 *Geist*（它是它自己所有之物，变为它自己已经必须是或将要必须是之物）的那种不可译性、那种在与自身关系中和在自身中的同一性（la mêmeté）的抵抗吗？这种不可译性就这样被一种俏皮话[un trait d'esprit，或译“妙语”——译者]秘密地[sous la manche，也可以是“从英吉利海峡底下”——译者]从另一边向左边、向第一个词、也就是这句巴比伦式的话“*Get Geist*”的动词转移。精神就在于这两个词的表述行为的和完全是肇始性的力量：指令、要求、祈祷、欲望、建议、命令和指示。没有任何报告先行于精神的标记，没有任何历史已经先行于这个值得注意的妙语。文化与无政府。在开端处——开端的步伐。[pas de commencement：也有“不是开端”的意思。——译者]精神在这个动词中自责，它自我致意并自言自语，它对自己说道，让它说与自己听吧，让它好好理解吧：在开端处，将会已经有以前的将来之幻影发生，*Get Geist*：*de l'esprit*。

第八章

大家知道，在那些同样的岁月里，这种阐释策略也涉及尼采。这种策略当时必须要使尼采摆脱任何生物学家的、动物学家的或活力论者对其的重新占有。这种阐释策略也是一种政治。这种姿态的极端的模棱两可之处乃在于：它通过败坏一种思想来拯救这种思想。人们在尼采思想那里觉察出一种形而上学，最后的形而上学，又把尼采文本的一切含义都归之于这种形而上学。正如在黑格尔那里一样，这仍会涉及一种绝对主体性的形而上学。但是无条件的主体性在尼采这里不再是那知道它自身的意愿的主体性，也就是精神的主体性；而是身体的绝对主体性，本能冲动和情绪的绝对主体性：强力意志的无条件的主体性。那把人的本质规定为理性的动物的近代形而上学的历史，因此就被一分为二。无条件的主体性的两个对称方面：一方面，作为精神的理性；另一方面，作为身体的动物性：

由于这一事实，主体性的无条件的本质必然作为*bestialitas*[兽性]的*brutalitas*[野蛮性]展开出来。……*Homo est brutum bestiale*[人是野兽]。①

但是，对于尼采称为"金发动物"的这种东西，我们应当从形而上学上加以思考，而不是迅速滑向生命哲学，滑向活力论或生物主义，也不要把"生命的"或"生物学的"含义赋予存在者总体。要做的毋宁必须相反，同时也完全不同：从强力意志出发重新阐释生命。强力意志"既不是'生命的'，也不是'精神性的'，相反，'生命'（'生物'）与'精神性事物'作为存在者，是由强力意志意义上的存在规定的。"②

同样，关于种族的思想（*Rassengedanke*）也被按照形而上学的而非生物学的模式进行阐释。③如此颠倒规定的方向，海德格尔究竟是减轻还是加重了这种"种族思想"？关于种族的形而上学比关于种族的自然主义或生物主义是更严重还是相反？对于这种依然充满歧义的策略，我们还是把问题搁置起来吧。

① 海德格尔：《尼采》，第二卷（*Nietzsche*，2 vols.），第200页；法译本，P.克罗索斯基（P. Klossowski）译，巴黎：伽里玛出版社，1971年，第160页。
② 同上书，第300页；法译本，第241页。
③ 同上书，第309页；法译本，第247页。

因此尼采可能并没有提出一种生命哲学，或者一种对理性、因此对黑格尔意义上的精神、也就是理性动物的这另一面所作的达尔文主义的解释。然而，海德格尔指责那样一些人：在这些人看来，尼采应当把精神视为“‘灵魂的反对者’，因此是生命的反对者”（“*Geist als Widersacher der Seele*”，*d.h. des Lebens*[①]）。不，尼采不否认精神，他不拒绝精神，不回避精神。精神并不是反对者（*Widersacher*）而是侦察兵（*Schrittmacher*），它带动并再一次地引导它为之开辟道路的灵魂。当它反对灵魂，就是说，反对生命时，当它艰苦地从事这一工作时，这都是为了生命而非伤害生命。

精神/灵魂/生命，*pneuma*/*psyché*/*zoè* 或 *bios*，*spiritus*/*anima*/*vita*，*Geist*/*Seele*/*Leben*，这就是那些三角形或四方形：在它们之中，我们轻率地装作认识到一些稳定的语义学规定，然后圈出或者避开我们天真地将其称为翻译的那种东西所具有的深渊。稍后我们将询问这些角的开度会意味着什么。首先是发生在精神（l'esprit）与 la *psyché*[②] 之间的开口。

精神与灵魂的关系应当处于——如果我们可以这么说的话——1942 年的那些以“作为半神的诗人之本质”为标题的

---

① 海德格尔：《尼采》（德文版），第一卷，第 581 页；法译本，第 451 页。
② psyché，来源于希腊文，同时有“精神、心灵、心理、灵魂”等义。——译者

课程的中心，尤其是在用来讨论“历史地奠基着的精神”(*Der geschichtlich gründende Geist*①)那一章中。这里的关键是解释清楚拜斯纳(Beissner)在1933年出版的荷尔德林的几行诗：

nemlich zu Hauss ist der Geist
nicht im Anfang，nicht an der Quell. Ihn zehret die Heimath.
Kolonie liebt，und tapfer Vergessen der Geist.
Unsere Blumen erfreun und die Schatten unserer Wälder
Den Verschmachteten. Fast wäreder Beseeler verbrandt.

我将不会冒险翻译这几行诗，尤其是前两行：相当长时间以来，其中，“*nicht*”的句法、位置以及语调都一直构成了争论的焦点，在此或许并没有必要卷入这种争论。

“谁是‘精神’？”海德格尔问道。②谁是那“*zu Hauss ist.../nicht im Anfang，nicht an der Quell...*”的精神？

在这个时代，他向我们解释，“精神”这个词有一个单一的含义，即使这种含义并没有被充分展开。这种本质的含义，荷尔德林取自于黑格尔和谢林的思想。但是，如果我们

① 《海德格尔全集》，第53卷(*Gesamtausgabe*，Bd. 53)，第156页及以下。
② 同上书，第157页。

由此推断，荷尔德林借用了形而上学的精神概念从而在诗中到处接受之，那就误入歧途了。首先，一个诗人，一个处在荷尔德林这一等级的诗人，不会借用、也不会接受像“概念”这样的东西。其次，他与形而上学思想之间的诗性的*Auseinandersetzung*[争执、争辩]，也促使他离弃这种思想，在这种关系本身中“超出”这种思想。如果他的*Geist*这个词由德国形而上学所规定，那么这个词与后者也并非同一。它并不被还原为后者以系统的方式、在其主观精神或客观精神的概念中所思考的东西。①对于这些形而上学的系统来说，这个*Geist*是规定和聚集一切存在者的绝对的无条件者。因此，作为精神，它是那“*gemeinsame Geist*”，那聚集的精神（毋宁说共同的精神）。在其形而上学的概念中，就其进行聚集而言，精神尤其是思想，是思本身（*Denken*）。它本己地（*eigentlich*）、真正地是精神，就其在思考本质之物之际进行聚集而言——聚集着它通过思考它自身、通过它因此在它自己那里、在它自身近旁（*zu Hauss*）重新发现自己而造成的东西。他的那些思想并不只是属于它，它们是——这是荷尔德林的诗句——共同地进行聚集的精神的思想：

---

① “精神的劳作，按照近代观念论的学说，就是设定（*das Setzen*）行为。因为精神被设想为主体，因此被表象（*vorgestellt*）在主-客体模式的内部，设定（*Thesis*）行为必须是主体与其诸客体之间的综合。”（《在通向语言的途中》[*Unterwegs zur Sprache*]德文版，第248页。）

des gemeinsamen Geistes Gedanken sind.

我们不应该会在其中辨识出一种“误入歧途的”形而上学命题。颂歌把精神诗意地沉思为所是之物；而所是之物又把它的存在的发送或命运赋予给一切存在者。这种赋予或使命被认为是自始至终贯穿着由 *Geschick*、*Schickliche*、*Schicksal*、*Geschichte* 组成的链条，而这些词语的不可翻译性与下述事实也并非无关：此链条于其中展开的这门语言本身，就是那赋予着的使命与历史的发送本身的本己位置(*lieu propre*)，甚至是其不可替代的方言(idiome)。由于人对于如此这般的存在者具有一种特权关系，他向那被发送——分配、指定——给他的东西的敞开，就授予他一种本质的 *Gechichtlichkeit*[历史性]。后者使他得以存在且拥有一种历史。

让我们假设：对于精神——那进行聚集者或聚集者于其中被聚集者——的这种阐释，事实上并非一种被误导入诗作之中的形而上学命题。那么至少就还要严肃对待两件明摆着的事。一方面，无论是十年后在关于特拉克尔的著作中的精神(海德格尔也想使其从圣灵学或形而上学与基督教的精神性中摆脱出来)，还是关于谢林的课(《谢林论人类自由的本质(1809)》)(它是在关于荷尔德林的课的几年前)，海德格尔对精神的系统阐述都是一样的。他关于谢林的课着重强调了作为“本源地统一着的统一体”(*ursprünglich einigende Einheit*)

的精神的“统一着的”本质。[①]

关于这种统一体，海德格尔于是写道：“作为统一体，精神乃是πΰενμα（*Als soche Einheit ist der Geist* π ΰεν μα）。”

他因而称为 *Wehen* 的东西（这个词说的是呼吸，但它从未远离痛苦或忍受，也从未远离精神的几乎被窒息了的或几乎窒息的“呼吸”［/“圣灵”，“spiration”］），只是以最本源的方式真正进行统一的东西——*爱*——的呼吸（*Hauch*）或吸气。但是对于谢林来说，精神并不比爱高，精神只是爱的呼吸。精神展示出爱的呼吸，和在其呼吸中的爱。它比爱更容易命名——而且它偏爱**言词**。而爱，如果我们能这么说的话，它在基础与实存分离之前就“一直在这儿”（*da war*）了。如何指明爱？如何命名那在精神之上、并因此驱动精神、激发精神或抒发精神的东西的至**高**（le Très-Haut）？如何指明（*bezeichnen*）这种至高？谢林问道：

> 因为甚至精神都还不是那最高者（le plus-Haut）；它只是精神，就是说，只是爱的呼吸。但是，爱才是那最高者。它是在（作为被分离者）的基础与实存存在之前就一直在这儿的东西，然而它又还没有作为爱在这儿，但

① 海德格尔：《谢林论人类自由的本质（1809）》德文版，第 154 页；J.-F. 库尔蒂纳（J.-F. Courtine）法译本，稍有修改，第 221 页。

是……但是如何表明它呢?(第405—406页)。[1]

于是海德格尔注解曰:“在此,‘词语’(*das Wort*)也离弃了思想家”。“在此”:在这个涉及对爱、对最高者进行言说的地方,对言语——换言之,呼吸——的唯一的、统一着的本原进行言说的地方。“也离弃了”思想家,是因为:言词、词语(*das Wort*),因此也就是呼吸或精神的时刻(moment),它在某种程度上缺乏词语了。因为作为言语,它无法回过头来或自我提升以命名那在它之前、比它更高、并驱动它的东西——它的本原、爱。在此,谢林就上帝身上的无限欲望、就分离(séparation)、就怀乡病(*Sehnsucht*)与恶(它的可能性在于 *Geist* 在人身上而非在上帝身上的可分裂性)所说的一切,以及海德格尔因此所作的评论,所有这一切都在[海德格尔]关于特拉克尔的演讲中留下了清晰可辨的踪迹。首先是在关于荷尔德林的演讲中,我尽快回到这儿。

精神为历史奠基,发送(l'envoi)对于人来说保持为一种将来(un avenir),一种将来之来临(le venir)或一种来临之将-来(l'à-venir):这就是荷尔德林作为诗人所思考的事情。既然我在把重新来临者(/魂灵,*revenant*)这个来自法语的词强加

① 海德格尔:《谢林论人类自由的本质(1809)》德文版,第154页;J.-F.库尔蒂纳(J.-F. Courtine)法译本,稍有修改,第221页。

给荷尔德林时已经就作为重新来临者的精神说了很多，那么海德格尔就会在另一种言语中说：必须要从一种关于来临的、总是正在来临着的思想出发来思考重新来临(revenance)。重新来临本身处于正在来临之中：从那种在它之中的、关于来临者(le venant)、关于在其来临本身中的来临者的思想而来。这就是荷尔德林所思考和对之有经验的东西；作为诗人，他守护着这种经验。在这个意义上作诗(*dichten*)，就是奉献给这种经验，奉献给这种守护。由于精神历史地奠基，精神就找到了自己的位置；它首先在诗人中、在诗人的灵魂(l'âme)(*Seele*)中有其位置。在此，灵魂乃"*Mut*"[心情、情志]或"*Gemüt*"[情绪、情调]的同义词，是它们的一个"别名"。*Gemüt* 并不是精神，但是诗人的 *Gemüt* 接纳(accueille)精神、收容(héberge)精神，它用身中的位置来欢迎精神、欢迎 *Geist*——在它身中的来临者或重新来临者/魂灵：

> *Das Kommende in seinem Kommen wird erfahren und bewahrt im Dichten. Der geschichtlich gründende Geist muss daher zuerst seine Stätte finden im "Mut" des Dichters. Das andere Wort für das "Gemüt" ist "Seele"* (p. 160).
>
> [在其来临中的来临者在诗中被经验和守护着。历史地奠基着的精神因此必须首先在诗人的"情志"中找到它的位置。表达"情调"的另外一个词是"灵魂"(第

160 页）。]

我们在 *Sein und Zeit* 中读到，主体性形而上学所缺乏的是一种对于 *Gemüt* 的恰当阐释。毋庸置疑，海德格尔声称：在对荷尔德林的倾听中，我们能够遇到这种阐释。①灵魂并非对于动植物而言的生命的原则，而是在其自身中接纳着精神之思的 *Gemüt* 的本质：

Des gemeinsamen Geistes Gedanken sind
Still endend in der Seele des Dichters
[共同的精神的思想
依然终结在诗人的灵魂里]

精神的思想栖息在诗人的灵魂之中，它们在那里就是在家中，就是在其故土，就是 *heimisch*[本土的]。诗人给予灵魂而非给予生命。他是 *Beseeler*[赋予灵魂者]，不是游戏

① 或许也是在对艾克哈特(Maître Eckart)大师的持续不断的阅读中。比如后者写道："现在奥古斯丁(Augustin)说，在灵魂的高级部分中，即被称作 *mens* 或 *gemüte* 的部分中，上帝在创造了灵魂的存在的同时也创造了一种力量(craft)，大师们(maîtres)将它们称为精神形态或形式图像["idée"]的容器(*sloz*)或匣盒(*schrin*)。" *Renovamini ... spiritu mentis vestrae*["……将你们的心志改换一新"，《以弗所书》4：23，让娜 · 安瑟莱-于斯塔什(Jeanne Ancelet-Hustache)译，载：《讲道录》(*Sermons*)，瑟伊出版社(Le Seuil)，1979 年，第三卷，第 151 页。]另参见：德里达：《心灵》，第 583 页及以下。

的推动者或领导者，而是那激发灵魂者。他赋予精神以其空间，他使精神在那存在的事物中进行主宰。在说到这些存在的事物时，他让其在他的 *Begeisterung*［兴发］中显现。诗人的 *Begeisterung*，他的激情（passion），他的狂喜，我不敢说他的“启示”（inspiration）（正如“推动者”［animateur］，总是拉丁词看起来在背叛），打开了精神的这种道说：“*Dichten*” *ist das Sagen der Gedanken des Geistes: Dichten ist dichtender Geist*.［“作诗”是精神之思的道说：作诗是作着诗的精神。］

一个讲演的场合并不允许去分析由海德格尔提出的对下面这两行诗的解读：

> *nemlich zu Hauss ist der Geist*
>
> *nicht im Anfang*，*nicht an der Quell. Ihn zehret die Heimath*.

或许应该倾听一下阿多尔诺（Adorno）和贝达·阿勒曼（Beda Allemann），他们已经对［海德格尔的］这种解读提出了异议。或许也应该考虑一下海德格尔对于 *Betonung*［重音］（正如在 *Der Satz vom Grundz*[①] 中）、对于标明重音（比如我刚刚

① 海德格尔的《根据律》。——译者

引用的那两行诗中的 *nicht* 的重音[①])的不同的可能性所给予的细微的注意。但我必须满足于从这篇解读中挑选出那些可能会在路途勘查中给我们以引导的词语或主题。这个运动沿着某种界线进行。因此它触及界线的两边，并进行着几乎不可能的区分。这是那条在这样两种思想之间进行区分的界线：它的一侧是一种关于精神的形而上学思想，属于其中的有黑格尔、谢林的系统的哲学要素，但也包括荷尔德林的哲学要素，就其言说的某种维度来看；另一方面，这个区分的另一侧是这样一些 *Dichter*［诗人］：同一个荷尔德林，同一个但又是另一个，以及特拉克尔。

这些可能会在路途中引导我们的词语或主题，首先是并且恰恰是那些言说着主题、运动、路途的词语或主题。这里涉及的并非一种关于循环的思想，相反，总是一种关于返回、关于一种向着家园（*Heimat*，*heimisch*，“*nemlich zu Hauss*”）的 *Rückkehr*［回转］的转向的思想。精神只有在它自身的近旁，才是本真的（*eigentlich*）。这属于精神的本质。因此只是 *der gemeinsame Geist* 在自行聚集。这种聚集或集中的欲望在自身中安置着那种怀乡（nostalgie），那种 *Sehnsucht*：其中 *Sucht* 这个词——关于谢林的课使我们注意到——在词源学上与寻找的 *suchen* 毫无关系，相反倒是与恶（mal）、*siech*、疾

① 《海德格尔全集》，第 53 卷，第 161 页。

病和瘟疫密切相关。这种恶被铭刻在欲望之中，并且就像欲望本身那样，在自身中包含着一种运动性，一种“逆反的运动性”（gegenwendige *Bewegtheit*）：离开自身又回到自身。[①]这种 *Sehnsucht*——它促使离开自身以便回到自身或者回到自身以便离开自身——的恶就是荷尔德林作为诗人所谈论的精神的本质。“在精神中，”海德格尔说道，“进行主宰的是那对于其本己本质的怀乡。”[②]因此，在这种褫夺-重新居有（expropriation-réappropriation）的一开始，在这种褫夺-居有（*ex-appropriation*）之中，精神从来就没有在家。正是从这种本源的去-本有（dé-propriation）而来，海德格尔对下面这行诗进行阐释：

Kolonie liebt, und tapfer Vergessen der Geist.

它热爱殖民地，和勇敢的遗忘，精神。[③]

应当分析另一个主题了。在此我只能把它确立在同一条道路上。这应是火的主题。它与返回的主题相交。藉着德国人的经验，海德格尔在《伊斯特河》（*Der Ister*）的第一行与那

---

① 海德格尔：《谢林论人类自由的本质（1809）》德文版，第 150 页；法译本，第 216 页。

② 《海德格尔全集》，第 53 卷，第 163 页。

③ F. 费迪耶（F. Fédier）翻译，载贝达 · 阿勒曼（Beda Allemann），上文已引，第 219 页。

封给博伦德夫(Böllendorf)的信(1801 年 12 月 4 日)之间来阐释这一主题。《伊斯特河》对火发出呼唤："来吧"，"现在来吧！"这一呼唤，在把火建立为那正来临者、那正来临者的到来(la venue)或将来之际，本身也正在来临；这一呼唤，从它所呼吁的火中、从那实际上转而激起它的火中，将总已经激起了火，将总已经使诗人像火一样说话：

Jezt komme，Feuer!

就请来吧，哦，火！

而那封给博伦德夫的信，则谈到一种"天空之火"，它之于希腊人原本就是自然的，一如 *Darstellung*[表现]的光明之于我们。

荷尔德林是被上帝和光明击中的人。海德格尔说，"他是在那条从漫游到火(*von der Wanderung zum "Feuer"*)的返回的路上(*auf der Rückkehr*)"。[①]

在《面包与美酒》最后一节的草稿中，那在此紧紧吸引着海德格尔的最后五行，命名了烧毁(la consumation)、灼伤(la brûlure)、火灾(l'incendie)，甚至火葬(crémation)或焚化(l'incinération)：*Beseeler* 的、赋灵者的、带来灵魂——换言之

① 《海德格尔全集》，第 53 卷，第 170 页。

精神之礼物者的火葬或焚化。荷尔德林，那个 *Beseeler*，在火中被烧毁，几乎变成灰烬：

> *Unsere Blumen erfreun und die Schatten unserer Wälder*
> *den Verschmachteten. Fast wäre der Beseeler verbrandt.*[①]
> 我们的花朵充满魅力而我们树林的阴影
> 那被烧毁之物。几乎是灰烬中的赋灵者

为什么我如此过滤[海德格尔]对尼采、谢林和荷尔德林的这些解读？为什么我只留下那条通往这种精神之火的通道？这是因为，我们可以——这至少是我的假设——从这里开始去辨认那条在其两可[②]或未定本身之中的边界线或分界线；根据海德格尔，这条分界线应该在这样两种思想之间穿过：一种是对 *pneuma* 或 *spiritus* 的希腊的或基督教的、甚至存在-神学的规定，一种是关于那应该是不同的、比 *pneuma* 或 *spiritus* 要更为本源的 *Geist* 的思想。*Geist* 被德国的民族语言所把握，它毋宁会使人更早地思考火焰。

---

① 《海德格尔全集》，第 53 卷，第 166 页。

② 引号的真理：这种两可集中在对尼采加在“真理”一词上的引号的解释（参看《尼采》第一卷，德文版，第 511 页及以下；法译本，第 397 页及以下）。

第九章

精神是什么?

一切看起来似乎是这样发生的:从 1933 年——引号最终被去掉的那一年——起,海德格尔开始谈论精神(*de l'esprit*),并且以精神之(*de l'esprit*)名;[从那时起,]海德格尔便从未停止过探问 *Geist* 的存在。

精神是什么?最终的回答,在 1953 年:火、火焰、大火(l'embrasement)、共燃(la conflagration)。

因此这晚了二十年,怎样的年岁啊!

但是关于"年岁"(*Jahr*),我们还要谈一谈,而且恰恰是为了接近"晚"(plus tard)有时所意指的意思。那很晚才来临者,那最晚来临者,同样能够更接近本原,乃至重新回到——毋宁说——本原之前的本原,甚至比开端还早。

回答落在这篇与特拉克尔的 *Gespräch* 上、[1]这篇 *Denker*[思者]与 *Dichter*[诗人]之间的对话(collocution)上。在思者与

诗人之间的这种 *Gespräch*，既不意味着交谈（l'entretien），如人们有时翻译的那样，也不意味着对谈（le dialogue）、交流（l'échange）、讨论（la discussion），而且也还不是沟通（la communication）。两位说话者的话语（parole），在他们之间说话的语言，按照一定的法则、模式、机制和样式自行分裂且自行聚集。这些法则、模式、机制和样式，又只能从这种 *Gespräch* 的语言或话语在此所言说之物本身那里获得它们的名字。语言在话语中说话。它在话语中说及它自身，并在自行延迟中指涉它自身。在此，我们将不阅读一篇在海德格尔与特拉克尔之间围绕着精神这个主题所展开的 *Gespräch*。*Gespräch* 只有从那意指着精神、意指着 *Geist* 之本质——就像它在共燃中分离又聚集那样——的事物出发，才会被规定为话语的一种确定模式。

精神是什么？

回答被铭写在几个句子中。这几个句子是以一种可以说是存在论的形式（如果存在论仍然是这些文本的支配性机制）对特拉克尔的某些诗句的翻译（/转移，traduisent）。

---

① 《诗歌中的语言，对特拉克尔诗歌的一个探讨》（*Die Sprache im Gedicht*，*Eine Erörterung von Georg Trakls Gedicht*，1953），载：《在通向语言的途中》（*Unterwegs zur Sprache*，Neske，1959），第 35 页及以下。译文见 *Acheminement vers la parole*，巴黎：伽里玛出版社，1976 年，J. 博弗雷（J. Beaufret）、W. 布罗克迈尔（W. Brokmeier）、F. 费迪耶（F. Fédier）译，第 39 页及以下（中译文见：《在通向语言的途中》，孙周兴译，商务印书馆，2004 年修订译本，第 29 页以下。——译者）。

“*Doch was ist der Geist?* ”海德格尔的确如是发问。精神是什么？回答：“*Der Geist ist das Flammende...*”（第 59 页）。后面还有：“*Der Geist ist Flamme*”（第 62 页）。

如何翻译？精神是那去点燃者(ce qui enflamme)？毋宁是那自行燃烧者(ce qui *s'*enflamme)？点火者？用火点燃自身者？精神是火焰。一种去点燃着的或自行燃烧的火焰：同时是二者，既是一个又是另一个，彼此相与。二者在共燃(con*flagration*)本身中的共燃(*con* flagration)。

让我们尝试着把我们的语言带近这种大火。精神的大火(Embrasement *de* l'esprit)，在这个双重属格[①]中，藉着它，精神触发(affecte)，它自行触发(*s'*affecte)，感到自己被火触发。精神着火(*prend* feu)了，它给予火。让我们用一个或两个词、同时用名词或动词说：精神在(使)燃烧(*en-flamme*)。[②]那同时既自行燃烧又给出火焰的东西，就是火。精神之火。请不要忘记那在前文曾经说过和我们马上还要再次阅读的东西：精神给出灵魂(*psyché*)，而不只是把它交与死亡。

精神在(使)燃烧。如何倾听(理解)(*entendre*)这句话？这

---

① 指“精神的大火”中的“的”字。——译者

② enflamme 本来是动词 enflammer 的直陈式现在时第三人称单数形式，德里达这里把它改写成 en-flamme，则既可以理解为动词 enflammer(点燃、使燃烧)的上述变位形式，也可以理解为介词“在”(en)和名词“火焰”(flamme)这两个词(我们意译为“在燃烧”)。所以我们将之译为“在(使)燃烧”。——译者

并不是问：它意味着什么？而是问：它如何奏鸣又如何回响？在这篇与一个诗人的 *Gespräch* 中，有着怎样的和谐、吟唱、赞美以及颂歌？为了打开这个问题，或许必须思考下面这件或这些事物本身。就这些事物，海德格尔说道："它们的吟唱是诗意的言说"（*Ihr Singen ist das Dichten*）。对此他立即再次发问予以补充：如何？多少？诗意的言说，这意味着什么？我们以此命名何物？什么（被）如此命名？"*Inwiefern? Was heisst Dichten?* ①"

---

① 海德格尔：《在通向语言的途中》德文版，第 70 页；法译本，第 72 页。在这里，从话语到道说（*Sagen*），从道说到诗意的道说（*Dichten*），从诗意的道说到吟唱（*Singen*，*Gesang*）、到回响的谐奏（*Einklang*），从回响再到颂歌，并因此到赞美，这中间会有一条必然的道路在引导。在此，我既不是在指明一种推论顺序，也不是在指出从一种意指向另一种意指回溯的必要性。我只是想指出一个我在此无法涉及的疑难（我在别处试图处理它。参见"如何不说"，载：《心灵》，第 570 页及以下），在此疑难中，上述那些意指对于海德格尔来说是无法割裂的。颂歌超出于存在-论的、理论的或证实的陈述之外。它呼唤赞美，它吟唱赞美，那超越于所是者（ce qui est）之外的赞美，甚至可能——我们下文要回到这一点——超越于海德格尔某一天将之命名为问题、追问（*Fragen*）的那种思之"虔诚"的形式。在现在这篇文章中，在一些决定性的环节，海德格尔把他的全部阐释都托付于一个隐含着 *Grundton*[基调]的语音或词语的位置，或者托付于对它的倾听。这就是那个被重点强调的（*betont*）词语：在"Ein *Geschlecht*..."中的"un"、*Ein*[一]，（*Dieses betonte* "Ein *Geschlecht*" *birgt den Grundton*...）（第 78 页）[这个被重点强调的"一个种类"隐含着基调。见中译本第 80 页。——译者]。他不停地呼吁人们去倾听诗歌在 *Gesang*[歌唱]中吟唱时所道说之物。人们有时用颂歌（*hymne*）来翻译 *Gesang* 这个词，但是海德格尔也坚持[它的]聚集的价值。他说，*Gesang* 同时（*in einem*）是"*Lied*[歌]，悲剧和 *epos*[史诗]"（第 65 页）。若干年后，海德格尔对歌（*Lied*）与颂歌（赋予荣耀、赞美、*laudare*、唱颂歌等行动）之间的关联作了进一步的确定。颂歌总是被吟唱。关于施特凡·格奥尔格（Stefan George）的那首 *Lied*："思忖着、适应着、热爱着，道说就是：一种宁静而充沛的服从，一种喜气洋洋的敬仰（*ein jubelndes Verehren*），一种赞美（*ein Preisen*），一种颂扬（*ein Loben*），即：*laudare*[赞扬、赞美]。*Laudes*，这是歌 （转下页）

我们将不作裁定：在这篇 *Gespräch* 中，思者究竟是以其自己之名说话，还是在与特拉克尔的应和中说话。面对这样一些句子，我们也将不去裁定：一些可见的或不可见的引号，甚至一些还要更为微妙的记号，是否应该要把一种单纯责任的赋予悬置起来。为了对这些作出裁定，可能必须要在这样一种赋予之前先作一番思考：对海德格尔开始时就思者与诗人之间双重的和被双重给出的话语—— *Gespräch* 与 *Zwiesprache* [对话]——所说之物的思考。可能还必须要思考：对 *Gedicht* [诗歌]的 *Erörterung*（对于位置、*Ort* 的勘探与思考）与 *Erläuterung*（澄清性的阅读、“阐释”）之间的区别及其相互关联（*Wechselbezug*）究竟何在，以及 *Gedicht* 与 *Dichtungen* 之间的区别究竟何在，等等。没有一番详细的说明，我将无法对这些词语进行翻译；因此鉴于时间不多，我将不得不把自己限制在下面这条笨拙的断言上，我相信它几乎是不可争议的。这条断言即：诸如我刚刚引用的和用精神在（使）燃烧（*l'esprit en-flamme*）去翻译的那些句子，明显是海德格尔的

（接上页）的拉丁名称（*Laudes lautet der lateinische Name für Lieder*）。把歌道说出来就是吟唱（*Lieder sagen heisst：singen*）。歌唱（*der Gesang*）就是把道说聚集到歌中（*die Versammlung des Sagens in das Lied*）。”（“词语”，1958 年，载《在通向语言的途中》德文版，第 229 页；法译本，第 214 页[中译文见海德格尔：《在通向语言的途中》，孙周兴译，第 225 页——译者]。也可参见 *Der Weg zur Sprache*[“走向语言之途”]，1959 年，这次是关于荷尔德林、关于 *Gespräch* 和 *Gesang* 的，德文版，第 266 页；法译本，第 255 页。）

(*de*)句子。不是属于他自己的(les siens)，不是作为主体的海德格尔的作品；而是一些他表面上没有任何迟疑就同意的句子。一方面，他把它们与他正在反对的所有东西都对立起来，这些东西构成了一个充分决定性的语境；另一方面，他用一种最起码可以说是毫无保留的措辞来支持它们。因此，如果把这些句子从存在论的形式还原为一些“评论”，就不会有任何的恰当性。对于海德格尔来说，没有什么比通常意义上的评论更为陌生的了，假定评论这个词还有另外的意义，并且其概念能够要求某种严格性的话。无疑，海德格尔的这些句子在此一任自己被特拉克尔的某些诗句所运载(*porter*)、引导(*conduire*)和启发(*initier*)，而这些诗句看起来又轮流着先行(*préceder*)于诗人，或者吸引(*attirer*)、导引(*guider*)诗人。甚至激发(*agir*)。但是，此篇 *Gespräch* 所说及的，恰好是按照这种双重运动(*ducere/agere*)的往与来，恰好是这种双重的定向。年岁、精神、火，这将是那往-来之重新来临本身。然而，我们还是要尝试着——直到某种程度并且是暂时地——辨明那属于海德格尔的东西。诚然，海德格尔就火焰和精神所说之物，是受特拉克尔的一些诗句所启发。这些是被海德格尔审慎但又主动隔离和挑选出来的诗句。精神和火焰在下面一些诗中被结合在一起：比如最后那首《格罗德克》(*Grodek*)，它命名了“*Die heisse Flamme des Geistes*”，“精神之燃烧的火焰"；或者在《致启明星》(*An Luzifer*)那首诗的开头："*Dem Geist leih deine Flamme, glühende Schwermut*." "你的火焰赋予精神以炽热的忧郁。"

因此，问题并不在于知道是谁说"精神在(使)燃烧"这句话——他们两个都以自己的方式说过——而在于去认识：为了确定这样一句话的位置，同时既是为了阐释它也是为了把它重新引回到它自己的位置，如果它的确有这样一个位置并且对于它来说是绝对本己性的话，那么海德格尔，他究竟就精神说了些什么?

那个*Geist*，特拉克尔谈及的那个*Geist*，他作为诗人谈及的*Geist*，这一次，海德格尔不打算去解构它的意义，或把它重新铭刻在形而上学甚至基督教神学中。相反，他要显示出：特拉克尔的*Gedicht*(指他的诗性作品[œuvre poétique]，如果不是指他的诗作[poèmes]的话)，不只是越过了存在-神学的界限：它还使我们思考这样一种同时也是解放(affranchissement)的越过(franchissement)。这种解放，如我们刚刚看到的，在荷尔德林那里还是模棱两可的，在特拉克尔这里就是单义的(*univoque*)了。在其他地方，海德格尔从来没有像他在这篇文章的这个段落中那样尝试过拯救这种诗意的单义性。我必须仅限于引用这个段落："特拉克尔的本质上多义的语言所具有的独特的严格性在一种更高的意义上是如此单义，以至于与单纯在科学上单义的概念的一切技术精确性相比较，它始终具有无限的优越性。”①

这篇对于特拉克尔 *Gedicht* [诗歌]的 *Erörterung*[探讨、位置勘探]，在我看来，是海德格尔最为丰富的文本之一：微妙、不确定、空前的不可译。当然也是疑难最多的文本之一。伴随着一种我既不能掩饰、也不能承担的暴力，我必须要从中抽取出那与精神的各种名字与属性（*Geist*，*geistig*，*geistlich*）相适应的幽灵。另一方面，当我继续研读这篇文本时，我希望能通过一种更为审慎的耐心，有朝一日得以超出今天一场报告所能允许的范围，来分析它的姿态、模式或地位（如果它有一种地位的话），分析它与哲学论说的关系、与解释学或诗学的关系，而且还要分析它就 *Geschlecht*、就 *Geschlecht* 这个词以及就位置（*Ort*）所说的内容，一如对它就动物性所说的内容展开分析一样。我希望能借此公正地对待这个文本。但眼下，我将只追踪关于精神的段落。

首先，海德格尔看来信任他在 *Verklärter Herbst*、《美化的秋天》中遇到的 *geistlich* 这个词。当这个并非偶然的相遇发生时，并且从[这个文本的]最初的几页开始，一些关键的决定就已经根据古高地德语的方言作出了。在这篇 *Gespräch* 中，一切看起来都是开放的，并且一切都被对 *Frühling der*

① 《在通向语言的途中》德文版，第 75 页（中译文请见《在通向语言的途中》中译本，孙周兴译，第 76—77 页。——译者）。

Seele(《灵魂之春》)的一行诗的阐释所引导：

Es ist die Seele ein Fremdes auf Erden.

灵魂，大地上的异乡者。

海德格尔立即取消了[对于这行诗的]任何“柏拉图式的”倾听。灵魂是“异乡者”，这并不意味着人们应该把它看作是被囚禁、放逐、坠入于尘世之中，堕落于那缺乏存在且真正说来并不存在的事物的注定要腐朽(*Verwesen*)的身体之中。于是海德格尔就的确向我们提出了一种阐释中的意义(/方向，sens)[①]转变。这种意义(/方向，sens)的转变与柏拉图主义相反，它涉及的恰恰是对方向本身(le *sens même*)的颠倒，对灵魂运动中的方向(la direction)或定向的颠倒。这种意义的翻转——以及意义(/方向，sens)的意义的(du sens de sens)翻转——首先是通过对语言(langue)的倾听而发生。海德格尔首先把 *fremd* 这个词从德语语言(langue)带回到它的本土，把它重新领回到它的“*althochdeutsch*”[古高地德语的]起源处：*fram*。这个词，海德格尔说，“本来意味着”(*bedeutet*

① Sens 在法语中既有“意义”的意思，也有“方向”的意思。德里达这里是同时利用这双重含义：既是强调海德格尔对这句诗的“意义”(sens)的阐释与“柏拉图式的”阐释是不一样的；同时又强调，这种“阐释中的意义转变”恰恰是与如何理解灵魂运动的“方向”(sens)密切相关。——译者

eigentlich)：在去往别处的途中(*unterwegs nach*)，先行向着别处(*anderswohin vorwärts*)，带着明确的方向(*Bestimmung*)而非四处漂泊。由此他推论说：灵魂远不是像一个堕落的异乡者被放逐到大地上，而是处在向着大地的道路上：*Die Seele* sucht *die Erde erst*，*flieht sie nicht*，灵魂只是寻找大地，而非逃避大地。[①]灵魂是异乡者，因为它尚未居住在大地上——犹如："*fremd*"这个词是异样的，因为它的含义还没有停留在、不再停留在它自己的"*althochdeutsch*"[古高地德语的]位置上。

一些换喻构成了这段行程的所有奇迹。由此，藉着这些换喻中的一种，海德格尔便把那种由画眉鸟所召唤的没落赋予给了灵魂(*ein Fremdes* d'un *autre* poème，*Sebastian im Traum*[另一首诗《梦中的塞巴斯蒂安》中的异乡者])。[②]接着，他把这种没落(*Untergang*)与*Verfall*[衰落]中的一切灾难或任何消失都区分开。然而，"精神性地[/的]"(geistlich)这个词与"灵魂，大地上的异乡者"这句话同属一节：

---

① 海德格尔：《在通向语言的途中》德文版，第 41 页(德里达原文误注为第 47 页，兹改正。——译者)。

② "画眉鸟所召唤的没落"，请参看：《梦中的塞巴斯蒂安》一诗第三部分中的一节："噢，多么宁静的行进，沿着蓝色河流而下/思索着那被遗忘的，此刻在荫绿丛中/画眉鸟召唤异乡者走向没落。"(孙周兴译文)见海德格尔：《在通向语言的途中》，孙周兴译，第 34—35 页。——译者

…………Geistlich dämmert

Bläue über dem verhauenen Wald . . .

[…………精神性地趋于朦胧

蓝光笼罩在苍茫森林上……]

所以，天空之蓝光趋于朦胧（*dämmert*），此种转变乃是*geistlich*：精神性地[/的]。*Geistlich* 这个词，经常在特拉克尔的作品中出现。于是海德格尔宣布，我们应当对此予以沉思。实际上它将是处于交织中的主要线索之一，如果不是最明显的线索的话。蓝光"精神性地"（*geistlich*）趋于朦胧。然而，这种趋于朦胧，这种 *Dämmerung*，既不意味着没落（*Untergang*），也不意味着西方化（occidentalisation）。它属于本质性的本质（*wesentlichen Wesens*）。[①]根据海德格尔，何者会证明这一点？嗯，是特拉克尔的另外一首诗，恰恰题为 *Geistliche Dämmerung* [《精神性的朦胧》]，它的最后一行道说着"精神性的黑夜"（*die geistliche Nacht*）。从这种朦胧或这种精神性的黑夜出发，另一首诗 *Unterwegs* [《在路上》]所谈及的年岁的精神性（*das Geistliche der Jahre*）便得到了规定。年岁是什么？年岁，*das Jahr*，这是一个属于印欧语系起源的词。它会让人想到行走（*ier*，*ienai*，*gehen*），就其表达的是太

① 海德格尔：《在通向语言的途中》德文版，第 47 页。

阳的运行或移动而言。因此在这里，特拉克尔在 *das Geistliche* 一词下所规定的，正是这个 *Gehen*、时日(jour)或年岁的这种行进、早晨或傍晚、日升或日落(*Gehen*，*Aufgan*，*Untergang*)。朦胧或黑夜，就其为 *geistlich* 而言，并不意味着没落的否定性，而是意味着那对年岁予以庇护者，或对太阳之移动隐藏(含)于自身之中者。[①]精神性(Spirituelle)是年岁的步伐，是那行走(*geht*)者本身的革命性的往-来(l'allée-venue)。

这个精神性的行程使得人们可以对 *Siebengesang des Todes*(*O des Menschen verweste Gestalt*)[②]所说的人类形象的解体或腐朽(*Verwesen*)予以解释。但是由此，它也引导着人们去解释那施诸在 *Geschlecht*(同时既指人的种类又指性别差异)上的第二个打击(*Schlag*)。[③]由于把竞争性的争执(*Zwietracht*)烙入到差异之单纯的双重性(*Zwiefache*)之中，这第二个打击就使后者发生了转化。在此，关键并不在于精神的历史(无论是黑格尔意义上的还是新黑格尔意义上的)，而是在于年岁——

① 海德格尔：《在通向语言的途中》德文版，第 47 页。

② 德文，意为：《死亡七唱》(哦，人的腐朽形象)。——译者

③ Schlag 在德语里既有“打击”、“击打”之意也有“类型”之意。在德里达此处讨论所涉及的海德格尔的文本中，海德格尔首先用这个词来指人这个“种类”(Geschlecht)所受到的“惩罚”，然后又用这个词来指人的真正的“类型”(Schlag)：“这个种类受到了何种惩罚呢？惩罚(Fluch)……也就是我们德语中的‘Schlag’。对这个腐朽种类的惩罚在于：这个古老的种类已经分裂为诸族类的相互倾轧。……于是，这个被分裂、被粉碎的‘衰败的种类’自己再也找不到它真正的类型(Schlag)。”见海德格尔：《在通向语言的途中》德文版，第 50 页；中译本，第 45 页。译文稍有改动。——译者

那行走(*geht*, *gehen*, *ienai*, *Jahr*)者，但毋宁是向着早晨、向着最早而重新来临的行走者——的精神性(spiritualité)。让我们说，以不甚恰当的方式急于形式化地说：归根到底，海德格尔的目标或许就在于显示：这种精神性之早晨与黑夜，在如是被理解的特拉克尔的 *Gedicht* 中，比在占统治地位的、即形而上学-基督教式的阐释中所流行的太阳的升起与降落、东方与西方、本源与堕落，要更为本源。这种早晨与黑夜，将会比在形而上学-柏拉图的或基督教的世界中被把握的任何存在-神学的历史、任何历史以及任何精神性都要更本源。

然则这种对本源性的替补(supplément)意味着什么？它有最少的可规定内容吗？这应当是我们正向之前行的那个问题的诸种形式之一。但也是指向那先行于或逸出于追问本身者的第一个标记。

Geschlecht 沉沦着(*verfallene*)。它的沉沦既不会是柏拉图式的，也不会是基督教式的。它沉沦，是因为它丧失了它的真正的类型(*den rechten Schlag*)。因此它可能处在通向这种单纯差异之真正类型的道路之中，通向单纯二重性之温和(*die Sanftmut einer einfältigen Zwiefalt*)的道路之中，以便把双重性(*Zwiefache*)从争执(*Zwietracht*)中解放出来。灵魂追随着一个陌生的事物(*ein Fremdes*)，一个异乡者(*Fremdling*)：这种追随正在途中，向着那真正的类型返回的途中。

这个异乡者是谁？海德格尔继续追随着特拉克尔诗中的脚步。异乡者，他者（*ener*，“在古老的语言中[①]”），那一个（*Jener*），在彼处者，在彼岸者，正是它投身于精神性的朦胧之黑夜。为此，它离开、分手、告别、走开、逝-去。它是 *der Abgeschiedene*［离去者、孤寂者］。这个词通常说的是孤寂或死亡（已故者、已死者）。但是在此它［虽然］没有摆脱死亡，却首先是由一种分离来标记：那动身前往另一次上升（*Aufgang*）的事物的分离。当然，他已死，他是死者，而后者又是分离者，就其也是癫狂者而言：*der Wahnsinnige*，海德格尔仍想在这个词的通常的含义下唤醒这个词。实际上他提醒说，*wana*“意味着”*ohne*，“没有”；而 *Sinnan*“原本意味着”（*bedeutet ursprünglich*）：旅行、趋向某个地方、选择某个方向。方向（le sens）总是道路的方向（在印欧语系中的 *sent* 和 *set*）：异乡者，那已经去-世者，并不只是死了，也不是疯了，它是在通向别处的途中。这就是当特拉克尔写下下面这句诗时我们应当要倾听的东西：*Der Wahnsinnige ist gestorben*（癫狂者已经死去）或 *Man begräbt den Fremden*（人们埋葬了异乡者）。

通常的翻译会说：这个异乡者死了、疯了且被埋葬起来了。一如魂灵（*revenant*），它的脚步把他带入黑夜，带往那尚

---

① 海德格尔：《在通向语言的途中》德文版，第 50 页及以下。

未出生者的更早的黎明，带往未诞生者(*das Ungeborene*)，阿尔托(Artaud)或许会说是 l'*in-né*。①

"魂灵(/重新来临者，revenant)"并不是海德格尔的词语。无疑，由于一些海德格尔会急切地从该词中揭露出来的消极的、形而上学的或心而上学(parapsychiques)的涵义，他不会喜欢人们把这个词强加给他。然而由于精神，由于那依然在等待着我们的精神之所有的双重化，尤其是由于那在我看来在特拉克尔文本中召唤着它的东西，至少像我会被诱惑着去阅读的那样——由于所有这些，我将不会抹去这个词。但这甚至更是出于忠诚，对海德格尔文本本身中的那样一种东西的忠诚：这种东西把这种死亡的往与来理解为一种从黑夜向黎明的重新-来临(*re-venir*)，最终理解为精神的重新来临(revenir)。②为了领会这种往更为年轻的早先而去的重新-来临，为了理解"*verwesenden Geschlechtes*"的终结、腐朽的种类的终结之先行于开端，为了理解死亡在诞生之前来临、"更晚"在"更早"之前来临，就必须恰当地通达时间的更为本源的本质。必须"在"这种至少从亚里士多德以来就一

① inné 在法语里本来是"天生的、生就的、天赋的"等意思。德里达这里在 in 和 né 之间加上"-"，意在突出其前缀 in-所具有的"非、无、未"等意思。这样这个词就意味着"未出生的、未诞生的"。——译者

② "魂灵"(revenant)的字面意义是"重新来临"(revenir)的现在分词形式。所以德里达说他对"魂灵"一词的保留，乃是出于对海德格尔文本中那种把死亡的往与来理解为重新来临的东西的忠诚。——译者

直支配着我们的表象的时间阐释"之前"重新来临。作为 *verwesenden Geschlechtes* 的终结，此终结看起来先行于尚未诞生的种类之(*des ungeborenen Geschlechtes*)开端(*Anbeginn*)。但是这个开端，这个更为早先的早先(*die frühere Frühre*)，已经升起、超过——实际上——越过了(*überholt*)终结。时间之本源的本质(*das ursprüngliche Wesen der Zeit*)将已经被恰当地保护在这种源-本原(archi-origine)之中。如果人们无法领会终结何以看起来先行于开端，这是因为这种本源的本质是被保护在一层面纱之下。我们依然是亚里士多德式的时间表象的囚徒，这种时间表象即连续性，亦即适合于从量上或质上对绵延进行计算的向度。这种向度可以让我们或者以机械的方式、或者以动力学的方式、甚或以与原子裂变相称的方式对它进行表象。①

在经历了一个漫长的行程之后，要再一次从一种更为本源的时间思想出发，我们才易于接受一种更为恰当的精神之思。因为当海德格尔面对我们刚刚认清和置换的、全部用来规定异乡者之 *Abgeschiedenheit* 的所有那些含义时，他便不得不面临一个问题：如果朦胧、黑夜、异乡者之年岁、它的行走、出发、去-世(*Abgeschiedenheit*)，如果所有这一切，诗人都

---

① 海德格尔：《在通向语言的途中》德文版，第 57 页(中译本第 54 页。——译者)。

说它们是精神性的，那么，*geistlich* 这个词究竟意味着什么呢？

海德格尔提醒到，表面上听起来，特拉克尔似乎是把自己限制在这个词的通常意义上，限制于它的基督教的意义上，甚至某种教会的神圣性的意义上。特拉克尔的某些诗句似乎还鼓励着这种解释。然而，根据海德格尔，另外一些诗句则清楚地显示出，这种教权主义的意义并不占统治地位。主导的意义毋宁是趋向于那很久以来就已经死去者的“更早”。一种运动：朝向这种比早晨还早的 *Frühe*［早先］，朝向这种比春天还早的元初，甚至在春天（*Frühling*）的第一天之前、在 *primum tempus*［春季］的起源之前、在前一天来临的运动。这种 *Frühe* 几乎可以说是于夜间看守着春天本身；而正是这种 *Frühe*，乃是 *Frühling der Seele*（《灵魂之春》）这首诗已许诺之物。

必须强调许诺（la promesse）。*Versprechen*（许诺）一词述说着题为 *Frühling der Seele*（《灵魂之春》）的这首诗所许诺（*verspricht*）的这种独一的 *Frühe*。但我们在结尾附近，亦即在二十页后海德格尔谈到西方（*Abendland* 和 *Abendländisches Lied* 是另外两首诗的题目①）的时候，又重新发现了这首诗。通过参照那首题为 *Herbstseele*（《秋魂》）的诗，海德格尔区分了两

① Abendland 同时有“傍晚的土地”和“西方”两种含义；abendländisch 同时有“傍晚土地的”和“西方的”两种含义。所以这两首诗的题目既可以译为《傍晚的土地》和《傍晚土地之歌》，也可以译为《西方》和《西方之歌》。——译者

种西方：特拉克尔促使我们思考的西方，和柏拉图-基督教的欧洲的西方。关于前者，他写下的东西对于源-东方或前-东方的 *Frühe* 同样有效，并且他再次强调许诺："这一西方比柏拉图-基督教的西方、并且干脆比人们以欧洲方式所想象的西方要更古老，也就是 *früher*、更早到达(précoce)[更元初(initial)，然而此处没有合适的词——德里达按]，因此也更好地许诺(*versprechender*)。"①

Versprechender：更好地许诺，不是因为它会更有希望，也不是因为它会许诺更多、更多东西，而是因为它许诺得更好、更切合于许诺、更接近一种本真许诺的本质。

这种许诺(promesse)不摆置出任何东西，它不预先-提出(pro-met)，不把……摆在前面(ne met pas en avant)，②它说话。人们会说：*Sprache verspricht*[语言在许诺]；而我会说(海德格尔并没有如此说)：正是在这种 *Sprache* 的敞开中，*Dichter*[诗人]的话语和 *Denker*[思者]的话语在他们的 *Gespräch* 或

---

① 海德格尔：《在通向语言的途中》德文版，第59—77页。参考"荷尔德林的大地与天空"(Terre et ciel de Hölderlin)，关于瓦雷里的"精神的危机"(La crise de l'esprit)(1919)，载《接近荷尔德林》(*Approches de Hölderlin*)，巴黎：伽里玛出版社，1973年，F.费迪耶译，第231页。我们这里所争论的一切，请参看该书第55—58、66、73—78、83—87、107—120、154—157、211、229页等处。

② Pro-met 是把 promettre(许诺)拆为 pro-mettre 之后的直陈式第三人称现在时形式。Pro-mettre 的字面含义是"先行-提出"。Mettre en avant 字面含义是"把……摆在前面"。注意它们与"许诺"(promettre，promesse)之间的呼应关系。——译者

Zwiesprache[对话]中相交叉。自然，这个 *Versprechen* 的许诺可能会变质、伪装或误入歧途。甚至，海德格尔在谈到柏拉图-基督教的西方以及人类或不如说 *Geschlecht* 的 *Verwesen*[腐朽]时所沉思的，正是许诺的这种恶(mal)。这种 *Verwesen* 也是 *Versprechen* 的一种败坏，并非作为偶然事故而降临于 *Sprache* 之上的致命的败坏。

在另外一个语境中，①保罗·德曼以一种故作游戏的方式戏拟了海德格尔的这句著名的表达(*Die Sprache spricht*)[语言说话]，他写道：*Die Sprache verspricht* [语言在许诺]。他当时并不是在游戏。游戏在语言本身中工作。有一天保罗·德曼把这个表达进一步明确为 *Die Sprache verspricht sich*②：语言或话语(la langue ou la parole)在许诺，自我许诺，但它也反悔、解脱或错乱，它出轨或谵妄、变坏、变质，一切都既是刹那间的又是根本性的。只要语言在说话，只要它是许诺，

---

① 保罗·德曼：《阅读的各种寓言》(*Allegories of Reading*)，耶鲁大学出版社(Yale University Press)，1979 年，第十一章，最后的许诺(社会契约)(Promises [Social Contract])，第 277 页。法译本即将由伽利略出版社出版。我已经在《记忆——为了保罗·德曼》(*Mémoires-for Paul de Man*)(哥伦比亚大学出版社[Columbia University Press]，1986，法文版即将由伽利略出版社出版)一书的第三章“行动，一个被给予的词语的含义”中触及到了这些问题，并引用了海德格尔的某些关于许诺的引文(比如参考《何谓思？》，A. 贝克(A. Becker)，G. 格拉内尔(G. Granel)，法国大学出版社(PUF)，1959 年，第 133 页)。

② Versprechen 是“许诺”，但 sich versprechen 则是“说错、读错”。所以德里达下文才有“语言或话语在许诺，自我许诺，但它也自我背叛、解脱或错乱……”等等的发挥。——译者

它就不能不许诺；但是它又不能不违背许诺——这取决于许诺之结构，一如取决于它仍然建立起来的事件。*Verwesen* 是一种 *Versprechen*。在这样说时，我或许——无疑是甚至(这一点如何确定？)——已经离开了评论的范畴，如果像评论这样的东西的确存在。海德格尔会在一种可能使 *Versprechen* 成为与 *Sprache* 的模式或变式不同的事物的解释下签名吗？毋宁说，而且更早，他在许诺——同甘共苦——中可能已经看到了被给予的话语(*parole donnée*)的来到本身。有待弄清的是，是否此 *Versprechen* 并不是那种许诺：这种许诺在开启所有话语之际，使得问题本身可能，并因此先行于问题而不是归属于它：一种肯定的不对称性，一种在是与否的任何对立之前的是的不对称性。[作为]存在的召唤——一切问题都已经在回应着这种召唤，许诺已经在凡是言语来临之处发生。而言语，又总是在一切问题之前，[①]并且在问题本身之中，回到

① 因此，在一切问题之前。恰恰是在这里，那自这条道路一开始就纠缠着我们的“问题的问题”开始摇晃起来。它在这一瞬间摇晃起来，这时它不再是一个问题。这并不是说，它摆脱了提问的无限的合法性，而是说，它陷入了对一种言语的记忆之中，陷入了对一种比它自身更“古老的”言语之经验的记忆之中，这种言语总是在先的且被预设的，它古老得以至于从没有被呈现在“经验”或“言语的行动”中——在这些词语的通常的意义上。这个时刻——它不是一个时刻——在海德格尔的文本中被标识出来。当然是在他谈及许诺和“*es gibt*”[予有]的时候，至少是隐约的；但是在 *Das Wesen der Sprache*[“语言的本质”]中却是明白显豁的(见 *Unterwegs zur Sprache*[《在通向语言的途中》]，尤其是第 174 页及以下；法译本，第 158 页及以下)。当人们探问话语的本质时，一切都是从问号(*Fragezeichen*)出发。什么是话语的本质？本质(*das Wesen*)？话语的(de la parole)(*der Sprache*)？让我们概括一下。在我们提出最终的问题，亦即，(转下页)

（接上页）当我们询问（*Anfragen*）一切问题的可能性，亦即话语的可能性时，我们必定早已经处在话语的基本元素中。话语必定早已经对我们说话——它必定已经以某种方式向我们说话和对我们劝说（*muss uns doch die Sprache selber schon zugesprochen sein*）。*Anfrage* 和 *Nachfrage*［询问与追问］预设了话语的这种先来（avance），这种殷切的劝说（adresse prévenante，*Zuspruch*）［译按：德里达把德语的 *Zuspruch*［劝说、鼓励、拜访］翻译为 adresse prévenante 有一语双关之效：prévenante（殷切的、体贴的）从字面上看也正是 prévenir（先行到来）的现在分词的阴性形式］。话语已经在此，在任何有关它的主题的问题能浮现的时刻，已经预先（*im voraus*）在此。因此它超出问题。这种先来，在一切契约之前，是一种许诺或本源的盟约（alliance），我们应当已经以某种方式接受了这种许诺或盟约，我们已经对它说是，已经给出一个承诺（un gage），无论那可能随之而来的论说的否定性与可疑性如何。这种许诺，这种以接受（acquiescement）的形式被产生出来的回应，这种话语对话语的保证（engagement），这种由话语向着话语给予出来的话语，就是海德格尔经常命名的 *Zusage*。而正是以这种 *Zusage* 之名，他对追问态度的最终权威性、这个所谓的最后的机构，提出疑问——如果我们还能够这么说的话。我将不翻译 *Zusage* 这个词，因为它把我们通常分开了的诸多含义聚集于一身：许诺的含义、承诺或赞同（consentement）的含义、对那在许诺本身中被给予之物的本源地弃绝的含义。“当我们对上述事情深思熟虑时，我们又经验到什么？我们经验到的是：追问并不是思想的本真姿态（*die eigentliche Gebärde des Denkens*）［*Gebärde* 这个词，姿态和构思，自己又是其他沉思的主题，见第 22 页］，相反——对那应当来到问题之中的事物的 *Zusage* 的倾听［才应当是思想的本真姿态］”（第 175 页，法译本第 159 页）。

因此问题并非言语的最终词语。首先因为它并非第一个词语。无论如何，在词语之前，有一个有时是无词之词，我们称之为“是”（oui）。一种前本源的承诺（gage），先行于言语或行动中的任何其他的保证（engagement）。但是，它之先行于言语并不意味着它对于言语来说是陌异的。承诺介入语言之中——并因此总是介入一种语言。问题本身因此是被承诺的（gagée），这并不意味着它是被系缚、约束和还原到沉默之上，恰恰相反，它是被 *Zusage* 的承诺所束缚。它无论做什么，事先都是对这种承诺的回应和对这种承诺的负责（Elle répond d'avance… à ce gage et de ce gage.）。它被这种承诺牵连入一种责任之中，它并没有选择这种责任，而这种责任倒甚至把它的自由赋予了它。承诺将会在一切其他事件之前被给予。然而在它的先来本身中，它也是一个事件，但却是这样一个事件：对它的记忆（mémoire）先于任何回忆（souvenir），一种抗拒任何叙述的信仰把我们与它紧紧地连接在一起。对于这样一种承诺来说，任何涂抹都是不可能的。任何返回都是在后来。

在我们的思想史上，追问将会是这样的步骤：它将其自身的尺度授予思想，因为思想首先是基础性的，它总是追求基础和根本（le radical）。在已经提醒人们注意这一点之后，海德格尔重新处理了他以前的一句话。不是为了对它进行质疑，也不是为了反对它，而是为了把它重新铭写进一个溢出其边 （转下页）

(接上页)界的运动之中："不久前，我在演讲'技术的追问'结尾处说道：'追问(*das Fragen*)乃是思之虔诚(*Frömmigkeit*)'。这里所谓'虔诚'(*fromm*)取其古老意义，其意就是'顺应'(*fügsam*)——在此亦即顺应于思之所思。思的激动人心的经验之一就是，思有时并没有充分解悟它刚刚获得的洞见，也没有以适当方式来追随这种洞见。上面所引的'追问乃是思之虔诚'这个句子的情形亦然"(第175—176页)(中译文见孙周兴译，《在通向语言的途中》，第165—166页)。

以此为基础，整个 *Das Wesen der Sproche*[《语言的本质》]的演讲都将被授予此 *Zusage* 之思。可以理解，海德格尔否认他因此进行了一种人为的、形式的和"空洞的""回转"(*Umkehrung*)。但是也必须承认，这种有关先于任何追问、且比任何追问都更切合于思想的肯定的思想，应当对海德格尔以前思想道路的准-整体性有一种无限的影响——不可定位，也没有可能的区域划分。这并非一种 *Umkehrung*，而是不同于转向(*Kehre*)的别样事物。转向仍属于追问。海德格尔明确说过这一点。就[海德格尔的]整个思想格局曾经是在追问最本底之物这一不可变的法则面前建立起来而言，这一步伐的确使它发生了某种转化，或使它发生某种变形，如人们愿意说的那样。为了把我自己限制于众多指示中的某些指示上，我谨提醒：*Dasein* 分析的出发点——因此 *Sein und Zeit* 本身的计划——曾经是由 *Dasein* 向问题的敞开赋予的；以及，对于存在论的任何 *Destruktion*[拆解]，尤其是在后笛卡儿的现代性中，曾经都是瞄向对主体存在的不充分的追问，等等。这种回溯式的巨变似乎可以发出新的指令。比如人们会说：现在必须要完全重新开端，因为要把对 *Zusage* 的保-证(l'en-gage)作为出发点，以便建立一个完全别样的论说，打开一条完全别样的思想道路，开始一个崭新的 *Kehre* 如果不是一个 *Umkehrung* 的话，并且拿走——极其模棱两可的姿态——那还一直沉睡在追问之优先性中的 *Aufklärung*[启蒙]的剩余物。事实上，无须相信从今以后我们就可以不考虑这种深刻的巨变；然而，我们不能严肃对待这样一种重新-开端的命令。有多重理由。

首先，这种看法可能完全没有理解这样一条道路的不可颠倒的必然性：这条道路从那条它把思想向之引导而去的狭窄危险的通道(passage)出发，于很久以后允许人们在一个特定时刻，别样地回望它的唯一的过去(语言与书写的开辟与道路)，这个过去把一切其余物都铭刻入它自己之中，其中既包括问题中的通道，也包括超越于问题之外的通道。即使人们能够追踪海德格尔的步伐，而恰恰由于那条被揭示出来的通道，返回也就并不意味着一个新的出发：从一个新的本原或某个零度开始的新的出发。

其次，新的出发点不只会是不可能的，而且，对于一种从来没有服从于系统法则，甚至从来没有使哲学中的分类学成为其最明显的主题和问题之一的思想来说，也会毫无意义。

第三，海德格尔的思想道路所信赖的指令，从不是"理性的指令"。比如，那在笛卡儿那里支持着这样一种指令的东西，就引起了我们已经讨论过的那些问题。

当重新-开端太晚、而且总是太晚的时候，便有如此多的理由不去重 (转下页)

(接上页)新-开端。而这种承诺的结构因此就可以这样翻译："它已经太晚了，总是太晚了。"一旦这些理由被理解，这种回溯就能、实际上是应该把一切都引导——代替任何的取消与任何的重新开端——到一种别样的策略(stratégie)、一种别样的地层学(stratigraphie)。海德格尔的[思想]历程穿过、构造或者说留下了某些迄今为止仍几乎不可见的、不太厚重的、有时是几乎并不明显的层次(strate)[请注意"层次"(strate)与"策略"(stratégie)和"地层学"(stratigraphie)在词根上的呼应关系。——译者]，而这些对于海德格尔本人来说也同样如此。这些稀少、不确定或不引人注目的层次，过后显得格外突出，因为它们重新构起了一个空间。然而它们只是通过赋予思想与阅读以如此多的新任务才得以如此。况且，在我们所关心的例子中，关键恰恰在于责任(/回应，responsabilité)本身的起源。比例子更多，而且不同于例子。由此出发，人们就可以在海德格尔的全部作品中寻找——在话语中的 *Zusage* 的承诺问题出现之前，在保-证(l'*engage*)的问题出现之前，在问题的优先性被质疑之前，在 1958 年之前，如果人们需要一个日期的话——某些标记或符号，它们允许预先并且在其必然性中确定那条被如此揭示出来的通道的位置。存在着这样一些符号和标记，现在人们已做好了更为充分的准备去承认它们、解释它们和再次铭写它们。而这不只是对阅读海德格尔和为解释学的或语文学的某种虔诚进行服务有用。超越于某种总是必不可少的评注，这种重新-阅读为一些新的任务、为海德格尔思想与思想的其他位置或保-证的其他位置之间的关系中还有待定位的东西，勾勒了一种别样的拓扑学(/地志学，topologie)；而那些位置，人们总把它们想象为一些它们并不属于其中的领域(伦理学或政治学，而且还有哲学、科学、所有科学，直接说吧，语言学、诗学、语用学、心理分析等等这些不稳定的且不合适的论说)。

回过头来看，这些符号和标记将会是怎样的呢？然而在这样一条注释里，我只能极其粗略地指出其中的一些。

甲、 *Sein und Zeit*(第 58、59、60 节)中的所有那些与"呼唤"的意义(*Rufsinn*)和在一切"良知"之前的那种罪责性(毋宁是责任或罪感)、那种"*Schuldigsein*"[罪责存在]有关的内容。

乙、 *Sein und Zeit* 以及《形而上学导论》中所有那些与 *Entschlossenheit*[决心]有关、与承担(*Übernehmen*)使命(*Sendung*)的可能性(《形而上学导论》第 38 页、法译本第 59 页)有关，以及因此与这种使命所赋予的本源的追问有关的内容。对问题之赋予的敞开、责任以及与问题有关的决断，必然为追问本身所预设。它们与它并不混同。问题并不是被这另外一种虔诚所悬置而是被它所支撑，被保持和悬挂在它上面。

丙、所有那些与"艺术作品的本源"中的 *Verlässlichkeit*、一种本源的"可靠性"有关的内容(在此请允许我提及《绘画中的真理》[*La Vérité en peinture*]这本书，弗拉马里翁出版社[Flammarion]，1979 年，第 398 页及以下)。

丁、所有那些与"是"与"否"有关的内容，它们的道说(Sagen)首先并不是逻辑的和命题性的陈述(Aussagen)——在那篇出自有关谢林的讲座的段落中，这个讲座此外还对称地处理了肯定与否定(《谢林论人类自由的本质(1809)》，(转下页)

(接上页)J.-F.库尔蒂纳译，第 248 页)。

戊、所有那些与许诺(*Versprechen* 或 *Verheissen*)有关的内容，比如在《何谓思？》(参见前文第 146 页[法文版页码]，注释 1)。

但是，既然我的目的把我限制在赋予"避免"(*vermeiden*)的各种样式以特权，尤其是赋予语用符号(比如引号或涂抹)之沉默的剧本艺术以特权这一点上，那么我现在就来看看关于涂抹的第三个例子：即对问号的涂抹。海德格尔当时首先建议：加在 *Das Wesen*？或 *der Sprache*？后面的问号可以减轻其标题中话语的本质这样的论说所具有的狂妄和陈腐。然而，在提示过对 *Zusage* 的满怀信任的倾听才是思想之姿态本身、是对思想之最为本己的承载或态度之后，他推论出了问号也要被涂抹掉(*die Fragezeichen wieder streichen*)(第 180 页)的必然性，某种(并不与教条的确定性相混同的)必然性。

[暂停片刻：让我们想象一下海德格尔的《全集》在下面这一天会是什么样子：在这天，人们会全神贯注并且前后一贯地把海德格尔不时提出的那些操作付诸实施：首先"避免""精神"这个词，至少把它放到引号里；接着，每当人们谈论到某种像动物那样并不具有 *Dasein*、因此也不具有或几乎不具有世界的东西时，就涂抹掉那些与世界有关的名字；然后，处处给"存在"打叉；最后，当问题涉及言语，也就是说，间接地涉及一切事物时，涂抹掉一切问号，连打叉都不用。人们可以想象，一个受如此这般的动物机器贪婪地吞噬且默默反刍的文本，一个任凭这样一个动物机器的不可替代的"逻辑"处置的文本，将会具有怎样的外表。它不止会是"没有精神"，它还会是一个糟糕之至的形象。对海德格尔的邪恶的阅读。暂停结束。]

在这样一个把思想与承诺关联起来的独特形势中，思想是一种"倾听"(*Hören*)，一种让自行道说(*Sichsagenlassen*)，而非追问(*kein Fragen*)；就此而言，海德格尔说："我们应当把问号也涂抹掉。"他补充道，这并不意味着向这个标题的习惯形式的返回。这也不再可能。那促使着要把问号涂抹掉的"让自行道说"并不是一种被动的服从，也不是一种道听途说(ouï-dire)。但它尤其不是一种尽力使一切都服从于涂抹性的否认(dénégation)的否定活动(activité négative)。它签字同意(souscrit)。它在我们之前，在一切之前，从一切之下或从一切之上，对问题、否定或否认进行铭记(inscrit)，它在与语言或话语(*Sprache*)的应和中对它们进行无限的保-证。话语首先应当向我们祈祷，向我们说话，托付给我们，并信任、信赖我们，而且它甚至已经这样做了(*muss sich die Sprache zuvor uns zusagen oder gar schon zugesagt haben*)。在此，这个已经是本质性的，它言及这种话语的某种本质性的东西，以及那在话语中进行保-证的东西。在话语当下托付给我们并向我们发出之际，它已经如此做了；而这个过去从没有回来过，从没有重新变成为现在。它总是回到一个更为古老的事件，该事件将在这种保-证的签字同意中已预先对我们作了保证。向着这种殷切的劝说(*Zuspruch*)，有两次，海德格尔写下了下面这句似乎恰好拒绝翻译的句子：*Die Sprache west als dieser Zuspruch*(第 180—181 页)。在几行之内，法译者提供了两种不同的译法：1. "话语作为这种被说出的话语而自行展开"(La parole se déploie en tant que cette parole adressée)。(转下页)

许诺上。这也会是精神的许诺。

由于许诺得更好，由于与那在最好的许诺中作为最为本质性的许诺的东西和谐一致，那是 *versprechender*［许诺者］的东西因此就在前两天预告：那已经发生者，某种程度上甚至还在我们欧洲称为本原的东西之前，在我们称为春天的第一

（接上页）2. 话语作为这种劝说而自行展开（La parole se déploie en tant que cette adresse）（法译本第 165 页）。这两种译法都是正确的，即使它们注定是不完整的并徒劳地试图相互补充。在此，劝说（l'adresse）同时既是方向、关系，简直就是“与（*zu*）……的关联”的省略，同时也是那被殷切（这是 *Zuspruch* 的通常意义之一：拜访、慰藉、劝勉）说出（adressé）之物的内容，这种被说出之物是在那向我们发出的呼唤之总是在先的殷切中被说出的。不仅是在话语（parole，*Sprache*）中，而且也在语言（langue，*Sprache*）中：在语言（langue）中如同在话语中一样进行保证的保-证。话语在语言中被保证。而那在此自行“展开”（*west*）者，就是 *Sprache* 的本质（*Wesen*）。关于 *Wesen* 的所有言语（langage），都应该在那被如此书写者的基础上重新自行展开，此种书写即：“*Das Wesen der Sprache: Die Sprache des Wesens*”（第 181 页）［语言的本质：本质的语言］。冒号删去了系词，并起到了涂抹的作用。对 l'être、*Sein* 和 *ist*［译按：依次为法语和德语的系动词“是、存在”，以及德语系动词第三人称单数现在时形式］进行涂抹，而不是 *Wesen*。如果系动词“是”取代了这个涂抹或冒号，那么它就会在这个地方重新引入混乱，会在那个问题被超出了的地方重新发动问题。

Ereignis 的思想将其尺度授予那对劝说进行回应——保-证——的接受。人之本性只在这种回应（réponse）或责任（responsabilité）中才发生。至少，这只有在下述情形下才能发生，即：人接受、认同、且听从于这种被向他发出的劝说，也就是说，他的劝说，而这种劝说又只有在这种回应中才能真正成为他的劝说。在于此语境中命名了 *Ereignis* 之后，海德格尔又提醒说：*Zusage* 并不是在虚空中漂泊。“它已经切中其目标（*Sie hat schon getroffen*）。它切中的目标除了人之外还能是谁呢？*Denn der Mensch ist nur Mensch*，*insofern er dem Zuspruch der Sprache zugesagt*，*für die Sprache*，*sie zu sprechen*，*gebraucht ist*（因为人之为人，只是由于人接受语言之劝说，只是由于人为语言所用而去说语言）。”（第 196 页，法译本第 181 页）［中译文见孙周兴译：《在通向语言的途中》，第 189 页，孙将 Zuspruch 译为“允诺”。——译者］。

在我前文提到的埃塞克斯（Essex）会议期间，弗朗索瓦丝·达斯杜（Françoise Dastur）曾经提醒我注意《在通向语言的途中》的这一段，该段确实超出了追问。我谨将此条注释献给她以表谢意。

时刻的东西之前。许诺预告那“在”以前“之前”发生者，或向它致意——这就是时间性或历史性的样式，这就是事件、*Ereignis* 或 *Geschehen*[事件、发生]之到来(venue)。为了接近那在基督教或柏拉图主义之表象中被隐藏着的精神性(le spirituel)，那种 *Geistliche*，我们必须思考这种到来。实际上，此“必须思考”之“必须”的模态，与许诺的模态正相一致。思想乃是对此许诺的虔诚。而这就意味着：它只是它必须是之物，如果它倾听——如果同时既听到又顺从的话。

我们刚刚看到，为什么 *geistlich* 一词的这种用法那时不应当是基督教的。以及为什么，特拉克尔或至少特拉克尔的 *Gedicht* 本质上不应当是基督教的，尽管表面上有如此多的基督教色彩。海德格尔在此把一些不可见的引号铭刻在对同一个词的用法之中。这同一个词因此就处于一种被内在差异所分割开的状况中。至于形容词 *geistig*，正如我们已经看到的，自 1933 年以来，海德格尔就一直广泛地和持续不断地使用它，不加引号，将之作为自己的词语；而现在他却粗暴地将它打发走，不容分说。这分明就是一种明目张胆的前后不一。所以海德格尔的所为就像是他在这二十年间从没有庆祝过 *Geist* 之 *Geistigkeit* 一样。这个词，他曾经以其之名，并从何等的高度出发，去揭露“精神废黜”的一切形式；可现在，他却又把它列入那笨拙的、且被粗鲁地打上形而上学-柏拉图传统的烙印的形式之中，而此种传统又应为 *Geschlecht* 的那种

Verwesen——在其性别差异中的人的种类的腐朽——负责，或者应当是其症候。现在，海德格尔从这个词里辨认出了全部的柏拉图主义。在此更值得引用一下下面这段文字，在这段文字中，我们开始时曾提及的 *vermeiden*、亦即那种避免手法又重新出现。它就像四分之一世纪以前 *Sein und Zeit* 中的同一个词的一个延迟的回声传了过来。但是一个巨大的裂隙后来放大了这个回声。海德格尔刚刚指出过 *geistlich* 并不具有基督教的意义。于是他就故作惊讶地问道：为什么特拉克尔说 *geistliche* 而非 *geistige Dämmerung* 或 *geistige Nacht*？下面就是这一段文字：

> 为什么诗人避免（*vermeidet er*）“*geistig*”这个词？因为“*Geistige*”意指物质的（*Stofflichen*）对立面。这种对立表现着（*stellt . . . vor*）两个领域之间的差异性，并且指示着——用柏拉图主义的西方言语来讲——超感性之物（*noeton*）和感性之物（*aistheton*）之间的鸿沟（*Kluft*）。
>
> 如此理解的精神性（*Das so verstandene Geistige*），此时也就成了理性、理智和意识形态；它连同其对立面一并归于那个“*verwesenden Geschlecht*”的、那个腐朽的 *Geschlecht* 的世界观。[①]

① 海德格尔：《在通向语言的途中》德文版，第 59 页（中译文参见孙周兴中译本，第 57 页，稍有改动——译者）。

把精神贬黜为“理性”、“智力”、“意识形态”等，这正是海德格尔在1935年曾经谴责过的做法。从此角度看，海德格尔的意图的连续性是无可争辩的。但是在1935年，他却是以 *Geistigkeit* 之名而非 *Geisltichkeit* 之名、尤其不是以这种（非基督教的）*Geistlichkeit* 之名说话。他当时以下述之物的名义说话：这种东西现在刚刚被他规定为对精神的误解和贬黜的柏拉图的起源。他当时至少字面上是这样的，因为那时他一直使用“*geistig*”这个词，而在这种表达形式与其他表达形式（比如精神）之间的区别，除了对应于柏拉图的-基督教的之外，在此没有任何其他的针对性。

因此这就是那些通往精神之本质的否定的途径。在其最为本己的本质中，一如诗人和思者允许通往的那样，*Geist* 既不是基督教的 *Geistlichkeit*，也不是柏拉图-形而上学的 *Geistigkeit*。

那么它是什么呢？*Geist* 是什么呢？为了以一种肯定的模态回答这个问题，并且总是通过倾听特拉克尔，海德格尔乞灵于火焰。

精神在（使）燃烧（*en-flamme*），如何理解这句话？

这并不是一种象征；一种隐喻。无论如何，海德格尔抵制任何的修辞式阅读。[①]我们不会试图去校正这些修辞学的

① 关于这一点，请允许我提及“白色的神话学”（“La mythologie blanche”，载：《哲学的边缘》[*Marges-de la philosophie*]，子夜出版社[Minuit]，1972年）和“隐喻的回撤”（“Le retrait de la métaphore”，载：《心灵》，伽利略出版社，1987年）两篇文章。

概念，除非我们已经确证了这些词——精神、火焰——的本义：在这样或那样确定的语言中、在这样或那样的文本中、在这样或那样的句子中的本义。我们远未达到这一点，而一切都会回到这个困难上。

由于我在此不能步步紧随海德格尔，因此我将只用几道裂隙（*traits*）[1]来标示一下我愿意提出的那种解读。为什么恰恰是几道裂隙？因为，裂隙的主题（le motif du trait）将切割开——如果我们能这么说的话——火焰的内部。这里涉及的是与我们用法语俏皮话（un trait d'esprit）[2]所引起的东西全然不同的事物。

一、第一道裂隙。在我马上要引的那段文字中，海德格尔并没有简单地拒绝把精神规定为 *spiritus* 和 *pneuma*。毋宁说，他引出了这种规定，并肯定了气息、风、呼吸、吸气、

---

① trait 在法语中有"线、线条、轮廓线、特征、特点、笔法、笔触、（具有某种特点的）语言或行为"等多种密切相关的含义。所有这些含义都是从"线"这个基本含义而来。而任何的"线"都同时意味着"划分"和"连接"。在这个意义上它相当于德语的 Fuge（裂缝、接缝）或 Riss（裂隙、草图）。德里达下文主要是在这个意义上使用该词，当然同时也时刻把它指引向 trace（踪迹）、retrait（回缩、回撤）以及德语的 Zug（一个含义与 trait 极其相似的词）这样一些可以与之相互引发的语词。所有这些都与他关于踪迹、书写（文字）、裂缝、差异的思想有关。中文很难找到一个词能够和它直接对应，下文我们主要将它译为"裂隙"，个别地方视语境译为"特征"等。但无论何种译法，都必须要记住它本身总是同时处于这诸多含义的交织之中。——译者

② Trait d'esprit 是一句成语，意为"俏皮话、妙语"。这里的 trait 指某种"说话方式"，esprit 指"机智、幽默"等义。德里达前文曾分析过这种意义上的 esprit 与德语的 Geist 的不同。见前文。——译者

呼气和叹息对火焰的依赖。正是因为 *Geist* 是火焰，才有 *pneuma* 和 *spiritus*。但是精神并不首先是、并不本源地就是 *pneuma* 或 *spiritus*。

二、第二道裂隙。在这个运动中，对于德语语言的求助看来是不可还原的。似乎 *Geist* 的语义学要依赖于一种被放入到德语方言 *gheis* 中的“本源的含义”（*ursprüngliche Bedeutung*）。

三、第三道裂隙。在对精神的肯定性规定——精神在（使）燃烧——中，已经寓居着至恶之内在的可能性了。恶在精神本身中有其来源。它生自精神，但这种精神恰恰不是形而上学-柏拉图式的 *Geistigkeit*。恶并不在人们一般将之与精神相对立的物质或物质的感性之物这一侧。恶是精神性的，它也是 *Geist*，在这种 *Geist* 中就有那种另外的内在双重性，它使得一个精神成为另一个精神的邪恶的幻影。在我马上要阅读的下面这段文字中，这种双重性影响着所有的思想，一直到关于灰烬之思。这种灰烬的白色，它归属于那被焚毁和焚毁着的命运，归属于那拥抱着它本身的火焰的熊熊燃烧。灰烬，它是火焰的**善**（/**好**，le Bien）还是**恶**（/**坏**，le Mal）？

在抽离出其他的裂隙之前，我首先翻译两节：

> 但什么是精神呢？在其最后一首诗作《格罗德克》中，特拉克尔谈到“精神的炽热火焰”（*heissen Flamme*

des Geistes)(201)。精神是那燃烧者(*das Flammende*：l'esprit en flamme)，而且也许只有作为燃烧者，它才呼气(它是一种气息，*ein Wehendes*)。特拉克尔首先不是把精神理解为 *pneuma*，理解为心智(*nicht spirituell*：这个词在海德格尔那里极少出现)，而是把它理解为火焰，它燃烧一切[或自己燃烧：*entflammt*[①]：精神的本性就是这种自身触发(auto-affective)的自发性，这种自发性不需要任何外在性就能燃起或点燃，就能出神般地出离自身；它把自己奉献出去，一如人们看到的那样：精神在(使)燃烧——完全是自己在点燃和燃烧，无论好(/善)坏(/恶)，既然它也从坏的方面影响自己，也是出离自身的通道]、奋力向上[或惊起一片，*aufjagt*]、不断运动[处置或威胁，迁移或转换，放逐：*entsetzt*，一个词语，一整套语义学在这个文本中起着重要作用，并将立刻在对"*Geist*"之由词源而来的引申中再次出现]、变幻不定(*ausser Fassung bringt*)。火焰乃是炽热的闪光。燃烧乃是出离自身(*das Ausser-sich*)，它照亮并且让它物闪闪发光，但同时也(*indessen auch*)能不断地吞噬，使一切都化为白色的灰烬(*in das Weisse der Asche verzehren kann*)。

"火焰是最苍白者的兄弟"，这是 *Verwandlung des*

① entflammen，德语，同时有"点燃"和"燃起"之义。——译者

Bösen（《恶之转变》）一诗（第 129 页）中的诗句。特拉克尔根据本源意义上的（*in der ursprünglichen Bedeutung*）"*Geist*"一词所命名的那个本质来观照"精神"；因为 *gheis* 就意味着：发怒的（*aufgebracht*）、惊恐的[或被转换了的、放逐了的：仍是 *entsetzt*——我相信，这是最恰当的谓语]、出离自身的（*ausser sich*）。①

① 海德格尔：《在通向语言的途中》德文版，第 59—60 页（中译文参见孙周兴中译本，第 58 页，稍有改动。——译者）。

第十章

这里既不是唤醒词源学的各种争执的地方，也不是唤醒它们的时候——现在太晚了；也不是唤醒所有那些在这个“炼金术的舞台”——如阿尔托所说——幕后激动不安的幻影的地方和时候，尽管我常作如是想。在关于这种炼金术的众多哲学家中间，那最让人无法摆脱的幻影之一，仍会是黑格尔。我在其他地方曾试图表明，①正是他在这种燃烧中确立了从自然哲学到精神哲学的通道；从这种燃烧出发，*Geist*——气流——就像一种发酵过程的蓬勃挥发，上升或再次上升，直到超越于解体中的死亡之上，以便在*Aufhebung*[扬弃]中内化自身(s'intérioriser)。

因此请让我们放弃词源学和那些幻影——但这不是同一个问题吗？——让我们暂时保持在这个论说的内在逻辑上，更确切地说，保持在这种内在性、或者毋宁说这种家驯的内在化(internalisation *familiale*)赖以构成的方式上：这种驯化(domestication)发生在这样一个位置，在这里，当 *Geist* 的火焰只在唯一一门语言的炉膛[②]中燃烧时——无论好坏——关于精神的思想看起来就是最具方言性的(idiomatique)。关于这一点，在我刚才标明那对希腊语-德语这一组语言进行规定的双重的不对称时，我已有所言说。在这一方面，我们刚刚明确了什么？表面上，我们拥有一个语言的三角形：希腊语(*pneuma*)、拉丁语(*spiritus*)和德语(*Geist*)。海德格尔并没有取消那被铭刻在希腊语或拉丁语中的气息、呼吸或吸气的

① 《丧钟》(*Glas*)，伽利略出版社，1974年，尤其是第14、20、22、31、70、106、262—263页。既然问题在于传统的连续性——在火焰、炉火(/家，foyer)、守护和民族这些主题于其中相互交叉的那些地方的连续性，那么，再次引用黑格尔就是恰当的了："我们将在哲学史里看到，在其他欧洲国家内，科学和理智的教养都有人以热烈和敬重的态度在从事钻研，惟有哲学，除了空名字外，却衰落了，甚至到了没有人记起，没有人想到的情况，只有在日耳曼民族里，哲学才被当作特殊的财产(*Eigentümlichkeit*)保持着。我们曾接受自然的较高的号召(*den höheren Beruf*)去做这个神圣火炬的保持者(*die Bewahrer dieses heiligen Feuers*)，如同雅典的优摩尔披德族是爱留西的神秘信仰的保持者，又如萨摩特拉克岛上的居民是一种较高的崇拜仪式的保存者与维持者，又如更早一些，世界精神(*der Weltgeist*)把它自己最高的意识保留给犹太民族，俾使它自己作为一个新精神从犹太民族里产生出来。"《哲学史讲演录》(*Leçons sur l'histoire de la philosophie*)，J. 吉布兰(J. Gibelin)译，稍有改动，巴黎：伽里玛出版社，1954年，第14页[中译文引自《哲学史讲演录》，第一卷，"开讲辞"，贺麟、王太庆译，1959年，第2页。——译者]。这篇开讲辞，它也是从召唤"精神的一切力量"、"世界精神"以及"纯粹的精神性"开始。在这一点上，在这篇于[海德堡]大学所作的开讲辞的边注中，黑格尔提到了那些反对普鲁士理智之严肃与高级需要的"苍白的幻影"(*schale Gespenst*)。关于黑格尔对犹太教的阐释，也请参见《丧钟》，第43—105页及其他一些地方。至于那"与海德格尔的幻影相联系"的东西，或那能够通过比如"与马丁的鬼魂或 *Geist*"的通话而发生的事情，请参见《明信片》(*La carte postale*)，第25—26页。

② "炉膛"与上一条注释中的"炉火"是一个词：foyer。由"炉火"引申出此词的一个常用义："家"。因此又与上文的"家的内在化"相关。——译者

庞大的语义学的资格。他只是说它们不够本源。①但是，这种对他所赋给德语的本源性的替补，只有在下述情形下才有意义，也才能够被言说。这种情形即：它是在一个语言学的-历史的三角形或三重奏的内部，并且只有当人们相信 *pneuma-spiritus-Geist* 这样一种“东西”（它既是欧洲的，同时又藉着被如此解释的 *Geist* 而具有超越于或未及于习惯表象中的西方欧洲的意义）具有某种意义史的时候。

对于那些会指责海德格尔没有关心其他语言的人来说，海德格尔会说些什么呢？首先，或许是：他在其语言中所思

---

① 一方面，这一点可能会——在某种程度上并以传统的方式——与黑格尔就灵魂学（*pneumatologie*）所明确表达出来的审慎相衔接（参见前文第 33 页[法文版]）。但另一方面，人们也会就 *pneuma* 与火焰或火之气体（它的含义只有在 *Geist* 这个词中才会被突出出来）之间的区分提出异议。事情当然要更为错综复杂。我们首先应当回想起亚里士多德在《论呼吸》（*De la respiration*）（XV，478a 15）中曾谈到过一种“心灵之火”（feu psychique）。然而 *psyché* 并不是 *pneuma*，这一点是确实的；亚里士多德毋宁是把 *pneuma* 与火联系在一起，与太阳的热量、蒸汽和气体联系在一起，它们都是 *pneuma* 的自然效果。但是，除去这里甚至由对 *physis*[自然]的规定所打开的巨大疑难之外，也很难把 *pneuma* 从热量与火中绝对地分离出来，即使热量与火的源泉与太阳一样“自然”。在此我求助于埃莱娜·伊奥安妮蒂（Hélène Ioannidi）在“什么是心灵？”（载：《哲学》[*Philosophia*]，第 15—16 期，雅典，1985—1986，第 286 页及以下）中的丰富分析。比如人们在那里读到下面一段关于精液和灵魂的关系的文字：“动物的热量并不是火，而是 *pneuma*、热气、气体。*pneuma* 的本性与天体的元素类似，‘……火不孕育任何动物，很明显，任何存在者都不是由火的质料构成，无论后者是潮湿的还是干燥的。相反，太阳的热量与动物的热量一样都拥有孕育的能力，而不仅是由精液所表现出来的那种热量才拥有。但是，如果某种其他的自然剩余物被生产出来了，它也仍然拥有一种生命的原则，并不比精液少。’由雄性发射的心灵的原则被包含在雄性所发射出来的精液物体中。心灵的原则同时既包含着与身体不可分的东西，也包含着某种神圣之物：独立于身体的理智。”（第 294 页，作者在注释中补充道：“P. 路易[P. Louis]的一条注释说，在[*pneuma*]这个词下，亚里士多德理解的当然是蒸汽、气体、空气和流体。”）

考的东西——离开了语言人们就无法思考——始终处在这个处于翻译关系之内的三角形里面。*Geist* 会具有一种比 *pneuma* 和 *spiritus* 更本源的意义，但它却历史性地处于一种翻译的关系中，以至于德国思想家就居于这个空间，而且只居于这个三角形的位置。当然，在这个位置之外，人们能够遇到所有具有相等尊严的符号表达(significations)，至少它们呼唤着某种诱人的类似。但是如果因此用 *pneuma*，*spiritus* 或 *Geist* 来翻译它们，那么对于这些被如此同化的语言来说，这种翻译就会表现出一种过分的、最终是暴力性的轻率。

如果这个历史的三角形能够合法地封闭，我不会对这种回答中的强大逻辑提出异议。然而看起来，它只是通过一种粗暴的强行排除的行动才被封闭。“强行排除”(forclusion)在此所表示的是这样一个词：它被不同的(司法的或心理分析的)规则系统所接受以便过快且过于坚定地表达某种与我们此处正试图谨慎思考的这种避免有关的东西。因此，这种“强行排除”就其自身而言、就其内容而言无疑具有重要意义；但是我所感兴趣的仅在于它的症候价值，以便坚持一个正当性的问题：是什么在为这个三角形的封闭“从历史上”进行辩护？难道它没有从起源处、并且通过它的结构本身而保持为开放的吗？向那首先由希腊文然后由拉丁文所不得不用 *pneuma* 和 *spiritus* 来翻译的东西——亦即希伯来文的 *ruah*

［呼吸、气息］——保持开放吗？

就此问题的那些终极维度而言，首先需要澄清的是：如我刚刚匆忙指出的那样，此问题较少涉及历史的避免，更多的是与对历史性一般所作的规定本身有关，这种规定是根据这样一种避免可能会确定的那些界限而作出的。海德格尔命名为 *Geschichte* 的东西，伴随着所有那些被他与 *Geschichte* 联系在一起的含义，都会在这个三角形的来临中并且作为这个三角形的机制本身展开。

在此，我无法援引先知文本及其翻译中大量的相关材料，除去提醒那允许我们把整个犹太思想读作一种不可耗尽的火的思想[①]的东西之外，我也不能做得更多；我也无法引述《福音书》中关于圣灵学（它处在与 *ruah* 的无法抹去的翻译关系中）的那些标记；我将只参考这样一种圣保罗式的区别：给哥林多人的第一封使徒书信（Ⅱ，14）中的那种存在于 *pneuma* 和 *psyché* 之间的区别。与 *ruha* 和 *néphéch*［灵魂、心灵、生命］之间的区别相应，*pneuma* 和 *psyché* 之间的区别也属于——如果不是打开的话——这样一个神学-哲学传统：海德格尔仍然在这

① 在这里，参考资料将会极其丰富。在此背景中，最独特的参考文献之一将会是罗森茨威格（Franz Rosenzweige），是他在《拯救之星》（*L'Étoile de la rédempiton*）中就火、精神、血和允诺所说的内容。瑟伊出版社（Le Seuil），“精神”丛书，1982年，A. 德扎斯基（A. Dezczanski）和 J.-L. 施莱格尔（J.-L. Schlegel）译，第 352 页及以下。

个传统中阐释着 *Geist* 与 *Seele* 的各种关系。①

这个极端重要的问题一旦被标明，人们难道就不能质问这种话语(海德格尔在这种话语中重复并声称要走出那从东方到西方的欧洲进程)的历史终结的合法性吗？我们先不考虑这个事实，即：在其他一些裂隙——比如那些有时使 *ruah* 成为一种“圣灵”［或译“神圣精神”］(*ruah haqqodech*，*ruah qodech*)的裂隙——中，*ruah* 作为 *Geist* 也能把恶带入它自身。它可以变成 *ruah raa*，即邪恶的精神。海德格尔不仅以一种本

---

① 在此仍会有太多的然而无疑也是无用的参考资料。尽管如此，还是请让我们指出：保罗(Paul)区分了“属血气的人”(*psychikos anthropos*)——我们也用“*animalis homo*”或“自然的人”(homme naturel)来翻译——和“属灵的(*pneumatikos*)(*spiritualis*)人”。前者并不接纳那来自上帝之灵(*ta tou pneumatos tou theou*)的事物。圣灵［或译“神圣的精神”］，作为 *pneuma*，或许也是一种被呼出的话语。《马太福音》：“……因为不是你们自己说的，乃是你们父的灵(*to pneuma tou patros*)在你们里头说的。”(10，20，J.格罗让［J. Grosjean］和 M.莱蒂勒米［M. Léturmy］译，巴黎：伽里玛出版社，1971 年，第 33 页)(中译文见《圣经》和合本(简化字和现代标点版))*Pneuma*(*spiritus*)可以是神圣的(*agion*，*sanctus*)，也可以是污的(*akatharton*，*immundus*)(例如参见《马太福音》，XII，43，《马可福音》，I，26；III，11，等等)。

就我所知，海德格尔只有一次提到过圣灵［神圣的精神］(*pneuma agion*)，是在一个不同的语境中。但是火［距之］并不很远。所涉及的是 *glossa*、*lingua*、*langue*、*language* 这个词语家族；另一方面，如人们所知，该家族又使得对 *Sprache* 的翻译变得相当困难，它同时被译为话语(parole)、言语(langage)和语言(langue)。海德格尔指出，从这个角度看，“*Die Sprache ist die Zunge*”，话语——语言——是舌头(/语言，langue)；他又引用了路德(Luther)对拉丁文《圣经》的翻译：“……‘又有舌头(*Zungen*)向他们显现出来，分开来(*zerteilt*)，犹如火焰(*wie von Feuer*)……他们就开始用别的舌头(*mit anderen Zungen*)传道’。但是这种新的说话(*Reden*)能力并没有被当作单纯的舌之能力(*Zungenfertigkeit*“喋喋不休”)，而是认为这种说话充满着 *pneuma agion*，即神圣的气息(*vom heiligen Hauch*)。”(《在通向语言的途中》德文版，第 203 页；法译本，第 189 页，稍有改动)(中译文引自孙周兴中译本，第 197 页。——译者)

真的 *Geistigkeit* 的名义划定这种或那种对于 *Geistigkeit* 的误解的界限，如他在1933—1935年间所曾做的那样；而且他也划定了整个欧洲的和基督教-形而上学的论说的界限：这种论说紧紧抓住 *geistig* 这个词，而没有在据说是特拉克尔所赋予的意义上思考 *geistlich*。因此，正是海德格尔自己1935年所采取的那种策略，那种完全受 *geistig* 一词的一种依然被限制的用法所支配的策略，同时被这种新的划界所追求、包含、危及甚至解构。

然而正是在这样一个时刻，海德格尔粗暴地把欧洲封闭在或拘囿在某些民族语言(/方言，idiomes)中，然而后者至少已经把一种语言的翻译和对这样一种历史性的翻译归并(*incorporé*)在一起了：这种历史性在此还从未得到过命名与思考，其实它或许也不再会服从于历史的时代性和存在的历史。那么，对于我们此处指出的这些问题来说，最适合的位置会是一个怎样的位置？或许是这样的位置：海德格尔本人将它定位于存在的历史或存在的时代性之外，亦即某种关于 *Ereignis* 的思想。

对 *ruah raa*、亦即邪恶精神的暗示，把我引向我必须要强调的另外一种裂隙。精神——在(使)燃烧——展开其本质(*west*)，根据温柔(*des Sanften*)与毁灭(*des Zerstörerischen*)的可能性，海德格尔说。灰烬的白色，人们可能会说，它在此象征着这种根据根本恶而来的毁灭。恶与恶意是精神性的(*geistlich*)，而不是通过与那是 *geistig* 者的简单的形而上学对立而成为单纯感性和物质性的东西。追随着谢林《论人类自由的本质(1809)》，海德格尔在他自己于1936年为此所开设的课程中，通过一些有时字面上是谢林式的表达而坚持着上述这一点。为什么这样一种连续性同时既显得自然有时又让人不安？这是因为：这些“谢林式的”表达(它们支持着对于特拉克尔的这种解释)，按照海德格尔本人关于谢林的课，似乎隶属于那种关于恶和意志的形而上学，而海德格尔当时与其说想接受这种形而上学倒不如说想给它划定界限。而且在1936年，海德格尔当时也试图使这种关于恶的谢林式的思想从纯粹基督教的空间中脱离出来，无论这种思想还是多么的形而上学，或正因其具有一种伟大形而上学的本真性。[①]但是在这

① 海德格尔承认：“想通过唯一的一跳就能直接返回到那被基督教——如其已经进入西方历史并因此渗入到哲学中的那样——的通谕所取消了的古希腊哲学，这在哲学里是完全不可能的。”他也明确指出，哲学的开端曾经“宏伟壮丽”，因为它必须“要克服它的最强大的对手：通常是神话，尤其是亚洲神话。”在指出这一点和作出上述承认之后，海德格尔补充道：“确定无疑，自从其论自由的论文以来，谢林就越来越强调基督教的积极性；但是，当我们这样说时，就谢林的形而上学思想的本质与含义而言，我们还没有决定任何东西；由此，这种形而上学思想也并非总是被理解，甚至它一直就是不可理解的。……通过这种[释恶为罪的]解释，恶的本质就更清楚地显现出来了，即使是在一个完全被确定了的方向上。但是恶并不被还原到罪上，它不能被独独以罪的名义加以把握。我们的解释紧紧依附于那个著名的形而上学基本问题，依附于存在问题，就此而言，我们对恶的追问并不是在罪的形象之下，而是在我们努力加以确定的存在之本质和真理的透视之下。借助于这一事实，并且间接看来，伦理的视域对于设想恶来说也并不足够；而且更甚的是，伦理与道德相反只以立法为目的，以便确定在面对恶时所要采取的态度，在战胜恶的意义上，在拒绝或减少恶的意义上。”(海德格尔：《谢林论人类自由的本质(1809)》第175页，J.-F.库尔蒂纳译，第251—252页。)

些错位之相互纽结的拓扑学中，这些区分从不曾如此简单。论述特拉克尔的文章中的某些表达，使人想起关于谢林的课：它恰恰处于这种想走出(如果可以这么说的话)基督教的姿态之中。但是这些相同的表达也证实着一种关于恶的形而上学，一种关于意志的形而上学，也就是说，那种关于*humanitas*[人性]和*animalitas*[动物性]的形而上学：我们在[海德格尔]同一些年的教学(《形而上学导论》，1935)中已经认识过它；而在我看来，海德格尔从来没有重新回到过这种形而上学上。[①]下面这个例子是如此多的其他可能例子中[我所引用]的唯一一个，而我之所以选择它乃是出于接近性的理由。就在刚刚唤起*Geist*这个词的"原本含义"之后，海德格尔紧接着就写下了下面这段关于**邪恶**之**转变**的文字：

如此这般被理解的精神在温柔而毁灭性的状态的可能性中成其本质(*west*)。所谓温柔绝不阻止(*schlägt*

① 甚至当——比如在《关于人道主义的书信》中——这些相同的论题相互加强以反对"那种形而上学"、那种关于意志的形而上学或那种"从animalitas[动物性]出发"而非"沿着人的humanitas[人性]的方向"来"思考人"的形而上学的时候。"人的身体是某种根本不同于动物机体的东西。生物主义的迷误并不能通过下述做法得到克服：把灵魂增加在人的肉体(*dem Leiblichen*)上，把精神增加在灵魂上，把生存增加在精神上，并比以往更加响亮地鼓吹对精神的高度评价……"(法译本，R.米尼耶[R. Munier]、奥比耶[Aubier]译，第59页)(中译文见海德格尔：《路标》，孙周兴译，商务印书馆，2000年，第380页，稍有改动。——译者)

keineswegs nieder）燃烧的东西（*des Entflammenden*）出离自身，而是把它聚集起来（*versammelt*），把它保持在友好的安宁中。毁灭性来自放纵无度的东西，后者在自己的骚动中耗尽（*verzehrt*）自身，并且因此来从事邪恶（*das Bösartige betreibt*）。恶始终是精神之恶。恶及其恶性并不是感性的、物质性的东西。恶也不只具有"精神性的"（"spirituelle"，"*geistiger*"）本性。恶是精神性的（*spirituel*，*geistlich*），……[①]

而他在其《谢林论人类自由的本质(1809)》中则这样写道：

……一个动物从来都不可能是"恶毒的"，即使我们有时用这些术语来表达。实际上，属于恶毒的是精神（*Denn zur Bosheit gehört Geist*）。动物从不能离开它自己在自然中被决定的尺度所固有的统一性。甚至当一个动物是"狡诈的"、"狡黠的"时，这种狡黠也被限制在一个完全被决定了的领域；而当这种狡黠表现出来时，这种表现也总是在一些被同样高度限定的情形中；因此这

① 海德格尔：《在通向语言的途中》德文版，第 60 页（中译本第 58 页，译文稍有改动。这里的两个"精神性的"在德文原文中原是 geistig 和 geistlich 这两个词，德里达把它们都译为 spirituel。这里根据德里达的译文译为"精神性的"。请参见"译后记"和第一章中有关注释中的相关讨论。——译者）。

种狡黠是自动起作用的。相反，人是这样一种存在物：他能翻转那构成其本质的元素，能翻转其 *Dasein* 的存在的接缝（*die Seynsfuge*）和裂缝（*ins Ungefüge*）。……因此能堕落得比动物还低级，这一可疑的特权是被保留给人的；反之，动物却并不具有这种颠倒（verkehrung）乾坤的能力。……恶的根据因此存在于第一基础的原意志（Urwillen）的表现之中。①

最终，请让我们来确定那最后一种裂隙、裂隙本身——*Riss*［裂隙、图样］——的位置。*Riss*，这个词也标画着差异。它之返回，常常是为了言说回撤（le retrait）。借助这种回撤，精神自行与其本身发生关联，并在这种内在困厄中自行分裂——这种内在困厄可以说是通过把恶铭刻进火焰而引起恶。这简直就是一种火的文字。这种文字并不是一种事故。它不是事后额外地降临到光之火焰上。火焰书写，它自行书写它本身，直接就在火焰中。共燃（conflagration）的裂隙，精神在燃烧——标画路线，开辟道路：

因为精神之本质在于共燃（*in Entflammen*），所以精

① 海德格尔：《谢林论人类自由的本质（1809）》，第173—174页，法译本，J.-F.库尔蒂纳译，第249页。

> 神开辟道路(*bricht er Bahn*),照亮道路,并且上了路。作为火焰,精神乃是"涌向天空"("*den Himmel stürmt*")并且"追逐上帝"("*Gott erjagt*")的狂飙(*Sturm*)。精神驱赶(*jagt*)灵魂上路(*in das Unterwegs*)……(《在通向语言的途中》德文版,第60页)。

如此,这一裂隙(踪迹、吸引、收缩[①])的开道工作(le frayage),首先就把精神带回到灵魂。精神把灵魂驱赶上路,驱赶到它的火焰所开启的道路之上。这就是迁移(migration)的在途中(*Unterwegs*),但也是先行、期待或预期(*wo sich ein Vorauswandern begibt*)的在途中:根据那种使终结在开端之前出现的时间性。于是,这是精神在异乡者中进行转换、放置和放逐(*versetzt in das Fremde*),精神运送灵魂。于是再一次地,"*Es ist die Seele ein Fremdes auf Erden*"。这种放逐是一件礼物。"精神是那赠以灵魂者"(*Der Geist ist es, der mit Seele bes-chenkt*)。这就是为什么它也是——依然是荷尔德林式的表达——那"*Beseeler*"。相反,灵魂守护着(*hütet*)精神,"滋养"着精神,并以如此本质的方式,以至于——我们可以推测——海德格尔会补充说:没

① 此三词原文分别为:trace、attraction、contraction,注意它们共同的词根——trace,以及由此而来的呼应关系。——译者

有灵魂就不会有精神。在一种传统的意义上，守护与滋养还会强化着灵魂的女性特征。在这里，这种女性特征不可分割地（我们将不诉诸性别语法）与一种进行驱动、追逐、驱赶、使其上路并标画下它自己的裂隙（此外还有火焰的裂隙）的男性精神耦合在一起。①

孤独而且漫游着的灵魂，应当承担其命运（*Geschick*）的重负。它必须聚集于太一之中，必须担负那被赋予给它的本质或向那本质前行。这种本质即迁移（migration）——而非流浪（errance）。它应当向前迎接精神（*dem Geist entgegen*）。作为 *Gemüt* 的热忱，火焰或炽热的忧郁，灵魂应当认同或顺从于精神：

Dem Geist leih deine Flamme, *glühende Schwermut*

[“你的火焰赋予精神以炽热的忧郁。”]

---

① 请参见前文（57—58 页）就高度、方向和创建所作的讨论。为了再次避免任何简单和单方面的指令，我们也可以引用伊曼纽埃尔·勒维纳斯（Emmanuel Lévinas）：“在我们于此刻所开始的任何一个段落中，难题都在于如何使男人和女人的人性与这样一种假设协调起来：男性具有精神性，女性并不是男性的对应项，而是其必然的后果，女性的特性或其显示出来的性别差异并不一下子就处于精神的基本对立的高度上。一个冒昧的问题：两性之平等如何源自男性的优先性？”（“上帝创造了女人”，见《从神圣到圣洁》[*Du sacré au saint*]，子夜出版社，1977 年，第 141 页。）我在“在这一时刻这一作品中我在此”（En ce moment même dans cet ouvrage me voici）一文中曾引用并解释过这一段文字，载：《心灵》第 195 页。这一解释也涉及勒维纳斯那里的引号（第 191 页及以下）、灰烬（第 184—202 页）和心灵现象（第 166 页）等问题。

根据这种火焰及其痛苦的尺度，灵魂乃属伟大者：

O Schmerz, du flammendes Anschaun
Der grossen Seele! (*Das Gewitter* (183))
[哦，痛苦，你是伟大灵魂的
燃烧着的观看(《暴风雨》第 183 页)]

于是这就是那种裂隙(*le trait*)，那在痛苦内部的分叉与对立状态本身：因为痛苦在其本身中就具有一种本己的对立本质(*Dem Schmerz eignet ein in sich gegenwendiges Wesen*)。正是在火焰的裂隙(*Riss*)中，痛苦席卷、撕裂或撕扯着灵魂：

"'*Flammend*' *reisst der Schmerz fort*"[痛苦在燃烧之际不断撕开]，海德格尔在评论 *Das Gewitter*("暴风雨")时如是说。*Sein Fortriss zeichnet die wandernde Seele in die Fuge des Stürmens und Jagens ein*...翻译是困难的。如我常常做的那样，我宁愿意译——而 *Fuge* 一词要比其他词更抵制翻译：痛苦的撕扯力量把漫游的灵魂标画入那种配合中，即涌向天空的狂飙(*den Himmel stürmend*)和寻索上帝(*Gott erjagen möchte*)的追逐的协调一致中。①通过它的所有这些变样(*Riss*, *Fortriss*,

① 这里的译文参考了孙周兴先生的中译(见《在通向语言的途中》，孙周兴译，第 60 页)，但有所改动。德里达把海德格尔的 Fuge 一词译为 l'ajustement, l'accordement juste，我们译为"配合"、"协调一致"；而孙周兴先生(转下页)

Rückriss，而且也包括 *Zug*，*Bezug*，*Grundzug*，*ziehen*），裂隙(le trait)或那具有裂隙者的回撤(le retrait)就把恶铭刻下来了。裂隙在精神与其自身之关联的本质之中切割开痛苦，精神则借此聚集自身、分裂自身。正是在痛苦中，精神给出灵魂。灵魂反过来又承担精神。因此在灵魂之中主宰着的是痛苦的基本裂隙(/基本特征，le trait fondamental)(*Grundzug*)。此乃其本质。这是善的本质。根据这同一基本裂隙，善唯有在痛苦中才是善。痛苦席卷一切(*fortreisst*)，它在其撕裂着的裂隙的回撤中(*als zurückreissender Riss*)本已地(*eigentlich*)席卷。

值得加倍注意的裂隙。被双重化，双重的标记本身，恰恰是在精神上，正是在精神之中，它自行铭刻、自行勾画、自行后撤或自行收缩。它属于它所分割开(partage)的火焰。它与打击(le coup)、击打(/类型等，le frappe)、印记(l'empreinte)(*Schlag*)有着本质的亲合性。正是从这些词语出发，海德格尔在其自己的语言中对 *Geschlecht* 进行解释：首先

(接上页)在中译本中则把 Fuge 译为"裂缝"。显然，这两种翻译是不协调甚至正相反对的。之所以有这种情况，是因为 Fuge 本身就既有"裂缝"的意思，又有"接缝、结合、配合"的意思。鉴于我们翻译的毕竟是德里达的文本，因此这里我们按德里达的法译文译成中文。又，德里达对海德格尔有关 Fug 和 Fuge 思想的详细讨论，请参见德里达的《马克思的幽灵》(*Spectres de Marx*，Editions Galilée，1993)(中译本：何一译，中国人民大学出版社，1999 年)，尤其是第一章。也可参见朱刚："开端、裂缝与未来——海德格尔与德里达对'阿那克西曼德之箴言'的双重解读"，《现代哲学》2006 年第 4 期。——译者

是受到(/在其)正当的击打(/类型)中，接着是受到坏的打击，这种打击把 *Geschlecht* 分解或变质为 *verwesende Geschlecht*，它的双重性注定要陷入争执(*Zwietracht*)。这些击打着人这个 *Geschlecht* 的打击，既是正当的打击但也是坏的打击、第二次打击，是创伤、诅咒等(这都是海德格尔的词语)，它们都是精神的打击。这些词汇看起来仍然经常是谢林式的。[①]唯一的一次引用："但是谁守护着这强大的痛苦，以便它能滋养着精神的燃烧的火焰？那具有此精神之击打(/类型)者(*Was vom Schlage dieses Geistes ist*)，属于那正在途中者。那具有此精神之击打(/类型)者，被称为'*geistlich*'。"(第 66 页)

另一方面，那由裂隙(le trait)、甚至由击打(/类型)所铭刻的差异或双重性，并不被海德格尔思为一种分裂(*division*)。这是作为聚集的精神本身与其自身的关联。裂隙聚集着。*Versammlung*(聚集)这个词穿越、支配和从多个方面决定着这整个思考。它聚集所有是聚集之物：位置(*Ort*)、去-世(dé-cès)(*Abgeschiedenheit*)、被孤独带往"唯一"和在太一中(*in das Eine*)[②]聚集的灵魂、*Gemüt*，最终，*Ein Geschlecht* 的太一本身(*Ein*)，那个在特拉克尔作品中应当是唯一被强

① 比如参见：就争执(*Zwietracht*)、"作为类型(特征)的'区分'"以及作为"*Umschlag*"的转向所说的一切。《谢林论人类自由的本质(1809)》德文版，第215—217 页；法译本，第 305—307 页。

② 海德格尔：《在通向语言的途中》德文版，第 61 页。

调的词的太一。海德格尔说，这个太一并不是同一性、无差别性或性别的一致性，而是异乡人的步伐将已经迈往的最早的早先。而这个 *Versammlung*，这个在太一中的聚集，海德格尔也将之称为 *Geist*，而他在这样称呼时所用的一些表达，在此仍然经常让人想到谢林。那在去-世中出发者的分离，在其熊熊燃烧本身中只是精神，“*der Geist und als dieser das Versammelnde*”：精神与如此这般的聚集者。[①]

已经太晚了，我不想让你们一直待到早晨。

极而言之，我们在这里大概可以看到两条思想道路。它们会交叉在海德格尔的步伐下。我将不作批判，甚至也不提出一些问题以便貌似作出结论。在对这两条道路的极其枯燥的描述中，我将仅仅限制在这样一种东西上：它依然能够就我们的步伐，一如就我们的道路的某个交叉点，对我们说些什么，至少我想象如此。就一个或许并没有被给予的我们。

道路之一——我们可以在关于特拉克尔的演讲中追踪它的思路——会把我们重新引回到一种许诺的精神性。这种精神性并不会与基督教相对立，而是会陌异(étrangère)于它，甚至也陌异于它的本原(我们可以赋予它若干名称)，还更为彻底地陌异于柏拉图式的形而上学及其一切后果，陌异于对东-西方进程的某种欧洲式的规定。实际上，在其最好的许

① 海德格尔：《在通向语言的途中》德文版，第66页。

诺中，*Frühe* 的最早的早先会属于一个另外的诞生、一个另外的本质；它会在本原处（*à l'origine*）与作为我们记忆本身的一切遗嘱、一切许诺、一切事件、一切律法和一切指令相异质（*hétérogène*）。本原处的异质：它要一道并且一下子在三重意义上来理解：一、从本原而来的异质，本源地异质；二、相对于那被称为本原的东西的异质，不同于本原且不可还原为本原；三、异质和或作为在本原处，本原处的异质（一和二）：因为在本原之本原处。异质，因为这是以及尽管这是在本原处。"因为"共"尽管"一道，这就是那使这整个思想都震颤不已的饱含张力的逻辑形式。那穿越死亡、没落和西方，向着最本源者——海德格尔与特拉克尔之间的 *Gespräch* 把我们唤往的这个最本源者——返回的圆圈，可能会完全有别于那些类似的圆圈或循环，我们曾经继承了有关这些圆圈或循环的思想：从那被称为《新旧约全书》的事物一直到黑格尔或马克思，以及其他现代人。从此，这些词语："圆圈"、"死亡"、"没落"、"西方"等，就会变成一些古化石。它们只配加上必要的引号，以便在一种应当把我们摆渡到彼岸的写作与阅读中把它们悬搁起来。关于这条思路，我想说：一方面，它似乎许诺、致意、拯救得更多或更好，既然它召唤着完全别样的事物。一种更富挑战性、更激荡人心、更具侵略性的宣告。但另一方面，这条思路看起来又几乎是不可行的，甚至就是不可行本身，至少就那在对特拉克尔的阅读中对它进行检验的东西而言。如果深入到我将冒昧称作文本解释、无论如何是文本澄清(*Erläuterung*，海德格尔将之区别于 l'*Erörterung*)的东西的细节，那么那些试图使特拉克尔从关于 *Geist* 的基督教的思想中脱离出来的姿态，在我看来就是艰难的、暴力的，有时简直就是扭曲的，总之，不太可信。我将在别的地方努力阐明这一点。海德格尔能够声称对特拉克尔的 *Gedicht* 进行去基督教化，这是由于他参照的是一种完全约定俗成的和流俗意见中的基督教轮廓。于是那之为本原处的异质的东西，就不会是其他——但它也不是无——而只会是基督教的本原：基督教的精神或基督教的本质。

于是我们可以想象，在海德格尔与某些或许是最苛刻、最耐心或最没耐心的基督教神学家之间存在着一场戏。而且，在这场戏的计划或其范本中，也不乏交锋的发生。无论如何，这场交锋的“逻辑”看来都是规定好了的。实际上，这里涉及的会是一种独特的交换(/交流，*échange*)。希望大家借助这个词理解：他们有时会以一种令人不安的方式交换位置。正如我们从这场报告的开头以来，只是谈论着对那些人们通常称为“历史”“事件”和“政治”“事件”(我在所有这些模糊不清的词语上都加上引号)的东西中所蕴含的思想与论说的“翻译”一样，可能也必须要把这样一种位置交换在其最彻底的可能性中所能蕴涵的东西“翻译”出来。上述

"翻译"显得既是不可缺少的同时目前又是不可能的。因此它要求一些完全不同的程式(protocoles):我为之而提出这篇报告的程式。显然,我们这里针对的绝非抽象之事。问题涉及的是过去、现在和来临中的"事件",涉及一些看起来一直在进行着一场无情战争(比如从1933年一直到我们今天)的力量和论说的组合。涉及一种计划以及一种其强力深不可测的结合。严格地说,这种结合没有为任何一些因此能够交换其强力的论说辩解。它也没有为任何一个仲裁机构留下干净的地方。纳粹不是诞生于荒漠。这一点人们都很清楚,但是总需要提醒。即使——在远离任何荒漠之处——它曾经像蘑菇一样在一片欧洲树林的宁静中生长,它也会是在一些大树的阴影之下、在其沉默或漠然的遮掩之下生长,但也是在同一块土地上生长。至于这些在欧洲使人们汇聚于一片巨大的黑森林中的树木,我不准备抄录它们,也不准备统计其类别。出于某些本质的理由,对它们的展示拒绝分门别类。在其芜杂的分类学中,这些树木会戴着宗教、哲学、政治体制、经济结构以及宗教的或学院的机构等等名称。简言之,那些人们也含糊地称为文化或精神世界的东西。

前者,因此那些我曾称为神学家的人,以及所有那些他们可能代表的人,就会对海德格尔说:"但是,您称为源-本源的(archi-originaire)精神的东西,您声称与基督教相陌异的东西,正是基督教最本质的东西呀。如您一样,这正是我们想要在神学因素、哲学因素或一些流行表象之下唤醒的东西呀！我们对您所说的深表感谢，您有权要求我们全部的感激，为了您所给予我们以供倾听和思考之物——以及我们确实认识到的东西。这正是我们一直在寻找的事物。当您谈到许诺，这种 *Versprechen*，谈到一种越过（au-delà de）开端的、比早晨更早的拂晓，谈到一种未及东方又越过东方一如未及西方又越过西方的历史的终点，您知道您在多大程度上接近我们吗？而当您谈到沉沦（*Verfall*）和惩罚（*Fluch*），谈到精神性的恶，就更是如此了。更不用说当您在特拉克尔的诗句

Gott sprach eine sanfte Flamme zu seinem Herzen:
O Mensch!
[上帝对他的心诉说着温柔的火焰：
呵，人啊！[①]]

的踪迹中命名这句上帝的话语，命名他的 *Sprechen*（我们曾尝试把它与刚刚提到的 *Versprechen* 更密切地联系在一起）；更不用说当您使它与一种 *Zusprechen* 或 *Zuspruch*（鼓励、慰藉、许诺[②]）相谐一致时，后者把我们唤往 *l'Entsprechung*，亦即应和。也更

① 译文见海德格尔：《在通向语言的途中》，孙周兴译，第 81 页。
② 海德格尔：《在通向语言的途中》德文版，第 79 页。

不用说，当您谈到 *Menschenschlag*［人的类型］从拂晓而来的来临着的复活（*in ein kommendes Auferstehen des Menschenschlages aus der Frühe*[①]）时，或者谈到拯救和进行拯救（*rettet*）的击打（/类型）时；尤其是在明确指出击打（/类型）的这种使命或发送（*das Geschick des Schlages*）以差异打击（在分离中确定：*verschlägt*）*Menschengeschlecht*［人类］之时，也就是说，拯救（*d. h. rettet*）[②]它之时，您说：这个'也就是说'，打击和拯救在源-本源的和依然来临着的事件中的这种结合，就是诗人吟唱的赞美诗（让我们说：颂歌）而不是历史学家们叙述的历史。当您谈到所有这一切，我们这些愿意成为真正基督徒的人认为，您正在走向我们想要在我们的信仰中思考、唤醒和保存的事物的本质，即使我们必须使它与您不惜一切代价想与基督教（另一方面您对它知之甚深）混为一谈的这些流行表象相反对，与某些神学因素或存在-神学的哲学因素相反对。您说出了当一个人在今天是基督徒时所能说出的最彻底的东西。在这一点上，尤其是当您谈到上帝，谈到回撤，谈到火焰和在许诺（它与向着前-原-本源性的故国返回的许诺相谐一致）中的火的文字时，很难确定：您从我的朋友和教友，从弥赛亚的犹太人那里，得不到类似的回应和相似的回

① 海德格尔：《在通向语言的途中》德文版，第 67 页。
② 同上书，第 80 页。

声。我也无法确定，穆斯林以及某些其他人不会加入到这个合唱或赞美诗之中。至少那些在其宗教和哲学中已经谈及 *ruah*、*pneuma*、 *spiritus* 和——为什么不呢——*Geist* 的人。”

既然我在此既设问又回答，那么我就想象一下海德格尔的辩驳。我们可以从他大体上遗留给我们的那些典型策略的程序出发，来重构他的回答：“但是在肯定特拉克尔的 *Gedicht*——以及我对它所说的一切——既非形而上学的也非基督教的时候，我并没有在反对什么，尤其没有反对基督教，也没有反对所有那些关于沉沦、诅咒、许诺、拯救、复活的论说，也没有反对那些关于 *pneuma* 和 *spiritus* 的论说，甚至也没有反对——我曾经把它忘记了——关于 *ruah* 的论说。我只想谦虚谨慎地思考这样一种东西：这个“从……出发”上述所有这些论说才是可能的。这个“从……出发”，因为一直被遮蔽着，所以还并不是那些它使之可能的东西。这个“从……出发”的它，这个比本源还早的 *Frühe*[早先]，尚不是那可思议者，它正处于来临之中。一个把两天前的那个 *Frühe* 牵引到尚未来到的今天早晨的圆圈，这个圆圈并不是——尚不是或已经不再是——各种欧洲形而上学的圆圈，各种末世学的圆圈，各种弥赛亚主义的或任何类型的启示论的圆圈。我并不是说，火焰是不同于圣灵学的或精神性的气息的别样的事物；我是说：人们对 *pneuma* 和 *spiritus*，或者——既然你们坚持——*ruah* 等的思考，正是从火焰出发。

我只是说：*Geist* 首先既不是这、也不是那，抑或其他东西。”

海德格尔的这种让步(retraite)——其文本中不乏它的那些有规律的、典型的和反复出现的标记——正是处于我刚刚谈到的那个十字交叉中的两条道路之一；这个十字交叉并不是一个中性的词，它仍冒着唤回十字形的涂抹的危险：存在或上帝正是在这种十字形的涂抹下受难。[①]在这个十字路口，海德格尔的回撤(le retrait)会是那两种步伐之一，毋宁说(plutôt)，是那朝向“更早先者”(plus tôt)的步伐。它致使这强有力的、思考着的重复成为一种向着最本源者、向着前-原-本源者的回撤或前进。这种回撤或前进，它只想着再也没有什么(*ne rien... de plus*)要思考的了；在任何情况下，除去已经在此的内容(即使在形而上学或传统的——让我们说宗教的——遗产中，更大范围上是在海德格尔于1935年所说的总是精神性的世界中，这种内容是作为对未来的许诺)，它并不思考得更多(*plus*)——因此更好。但是，如果有谁由此反对或指责海德格尔，如果有谁对他说：这种重复没有增添、发明或发现任何东西，除去空洞的重复之外，它没有做任何事情；那么通过一种经验，一种总之是作为记忆的真理的经验、作为许诺的记忆的经验，通过已经发生的允诺的事

---

① 参见：“如何不说”，载：《心灵》。

件，我想，海德格尔会如是回答道：

——在你们称为无所增加的重复的道路上（但为什么你们想要增加呢？是否你们认为，我们在记忆中、在记忆的深渊中所拥有的东西还不够？），关于正在来临着的*Frühe*的思想，在这样向着你们以为认识的东西的可能性前进的同时，正向着那全然不同于你们以为认识的东西前行。实际上，这并不是一种新的内容。但是通往思想的通道，通往形而上学之可能性或圣灵学的-唯灵论的（pneumato-spiritualistes）宗教之可能性的运思着的通道，正向着那与这种可能性使之可能的事物全然不同的事物打开。它向那保持为本原处的异质的东西打开。你们表象为一种单纯存在论的或超越论的辩驳的东西，是全然不同的（/全然他者， tout autre）。我之所以不反对那种我正试图思考其最早先的可能性的东西，甚至没有使用与传统词汇不同的词汇，而是沿着一条与全然他者的道路相交叉的重复之路，其原因正在此。全然他者在最严格的重复中自行显示。这种重复既最令人晕眩，又最深不可测。

——是的，正是如此。于是海德格尔的对话者会如是回答：这恰恰是我们正在说的，在同一个十字路口，这些道路会同样是循环的，但又以不同的方式：我们或者是在许诺的记忆中或者是在记忆的许诺中求助于这个全然他者。这就是我们总是在说的、总是听说的、总是试图使它被听到的东西的真理。误解，乃是您对我们的倾听要比您认为或假装认为的那样更好。无论如何，在我们这一方并没有误解，从现在开始，保持交谈，而不是打断诗人和您之间的、也就是说正是您和我们之间的这种 *Zwiesprache*，这便足矣。不要打断对话，即使已经太迟——这就够了。在返回中警醒着的精神总是会去做剩下的事。通过火焰与各种灰烬，但是不可避免地是作为全然他者的火焰与灰烬。

术语对照表

acte 行为
action 行动，活动
adresse(Zuspruch)劝说，向……说话
affect 情绪，感受
affecter 影响，触发
affirmer 肯定，确认
affranchissement 解放
agir 行事
altérer 变异
assombrissement 黯淡
altérité 他异性
âme 灵魂
anachronique 不合时宜的
année 年岁
antérieure 在先的
appel 召唤
apérité 敞开
aporétique 两难的
appropriation 居有
archi-originaire 源-本源的
archi-origine 源-本原
aspiration 吸气
assignation 指令，赋予
avance 先来
avènement 来到
avenir 将来
à-venir 将-来
à venir 正在来临(的)
axiomatique 公理系统

bienfait 善功
cartésien 笛卡儿主义的，笛卡儿式的
cendre 灰烬
chute 跌落
clérical 教权主义的
collocution 对话
commencement 开端
comme tel 如此这般的，本身
communication 沟通
conduire 引导
conduction 引导
conflagration 共燃
consumation 烧毁
contamination 污染
corps 身体
correspondance 应和
correspondre 应和
corrompre 变质
corruption 腐朽，败坏
coup 打击
crémation 火葬
crépusculaire 朦胧(的)
croix 打叉，叉号
dé-cédé 去-世者
dés-cès 去-世
déchéance 下降，沉沦
décision 决定，决心
déclin 没落
déconstruction 解构
décomposition 解体
dédoublement 双重化
dégradation 贬黜
dément 癫狂者
démission 弃绝
démonique 恶魔
déplacer 置换
déposer 放置
déporter 放逐
dé-propriation 去-本有
désintérêt 漠不关心
destin 命运
destiner 指定
destitution 废黜

destruction 拆解，毁坏
diable 魔鬼
diagnose 诊断法
diagnostic 诊断
différence 差异，区别
dire 言说，表达，道说
discours 论说
dissension 争执
distinction 区分
division 分裂
donner 给予
double 副本
douleur 痛苦
écart 间距
échange 交流
ecclésial 教会的
économie 经济
effacer 删除
effacement 抹消
embrasement 大火
empreinte 印记
enflammer 点燃
s'enflammer 自行燃烧
engagement 保证
énoncé 陈述，句子
entendement 知性
enthousiasme 狂喜
envoi 发送
errance 流浪
évocation 唤起
éviter 避免
exemplarité 范例性
existence 实存，生存
existential 生存论的
expropriation 褫夺
fantôme 幻影
fatal 命定的，必然的
fatalité 命定性
feu 火
fin 终点
flamme 火焰
fonctionnalisme 功能主义
fond 基础
fondement 根据，奠基

force 力量
forclusion 强行排除
franchissement 越过
frappe 击打(/类型)
gage 承诺
garde 守护
génération 生成
génie 精灵
guide 领导者
hantise 萦绕
héberge 收容
hébétude 麻木
humaniste 人本主义
humanité 人类，人性
hymne 颂歌
idiome 民族语言，方言
impouvoir 无能
impuissance 无力
impulsion 本能
incendie 火灾
incinération 焚化
indifférence 无所谓
indigence 贫乏
initialité 元始
injonction 指令
inspiration 吸气，激发
instance 组织，机关
intellectuel 理智的
intelligence 理智
interroger 探问
introduire 引入，引导
inverser 颠倒
jour 时日
langage 言语
langue 语言
lieu 位置，场所
lignée 世系
limite 界线
loi 法则
louange 赞美
mal 恶，坏，糟糕
malicieux 狡黠的
malice 狡黠
malignité 恶性

malin 邪恶的
manifestation 展现，表现
manque 缺少
marche 行走
matin 早先，早晨
mécaniste 机械主义
méchant 恶毒的
méchanceté 恶毒
mensonge 虚幻
mésinterprétation 误解
métalinguistique 元语言的
métaphore 隐喻
migration 迁移
mission 使命
mot 词语
mutation 转变
nationalisme 民族主义
naturaliste 自然主义的
nom 名字
nostalgie 思念，怀乡病
objectiviste 客观主义的
oblitère 磨去
obscurcissement 晦暗
obscurité 晦暗性
ordre 命令
original 原初的
originaire 本源的
originarité 本源性
originel 原本的
ouvert 敞开的，开放的
ouverture 开放
parcours 行程
parole 话语
partager 分割，分叉，分享
passion 激情，受难
pauvreté 缺乏
péché 罪
perception 感知
le plus-Haut 最高者
pneumatique 精神气息的
pneumatologie 灵魂学，圣灵学
pneumatologique 灵魂学的，圣灵学的

poème 诗作
potentialité 潜能
pouvoir 权能，能够，权力
prédicatif 述谓的
prendre 攫取
primordial(-)原的，原-
priver 剥夺
privation 剥夺
problématique 成问题的
problématicité 可疑性，成问题状态
problème 疑问
profondeur 深渊
progrès 进步
promettre 许诺
promesse 许诺
proposition 命题
propre 本己的，固有的
proprement 本真的
propriation 本有
puissance 强力，能力
question 问题
questionner 追问，发问
race 种族
raison 理性
rassemble 聚集
rature 涂抹
réappropriation 重新居有
remembrement 集中
renversement 翻转
répression 压制
résolution 决断
répondre 回应
responsabilité 责任，回应
retour 返回
retournement 回转
retrait 回撤
revenance 重新来临
revenant 魂灵，重新来临者
saint 神圣的
saut 跳起
sens 意义，方向
sensibilité 感性
séparer 分离

sexe 性[别]
schème 图式
singulière 独特的，独一的
soi 自身
solitaire 孤寂的，孤独的
solitude 孤寂，孤独
souci 操心
souffle 气息
spectre 幽灵
spiritualist 唯灵论的
spiritualisme 唯灵论
spiritual 精神的
spiritualité 精神性，灵性
spirituel 精神性的
succession 连续
suiveur 追随者
suivisme 盲从
supplément 替补
supposer 设定，假设
supression 隐匿，隐藏
tautologie 重言式
techniciste 技术主义的
thèse 论断
tomber 跌(落)
torsion 张力
tourment 折磨
tournant 转向
tout autre 全然他者
trait 裂隙，特征
transformer 转换，转化
transformation 转换，转化
le Très-Haut 至高者
Un 太一
venant 来临者
venir 来临
venue 到来
verbal 言语的
virtualité 德性
volonté 意志
volonté de puissance 强力意志
vouloir 意愿

人名对照表

Adorno 阿多尔诺
Allemann 阿勒曼
Ancelet-Hustache 安瑟莱-于斯塔什
Aristote 亚里士多德
Artaud 阿尔托
Augustin 奥古斯丁
Beaufret 博弗雷
Becker 贝克
Beissner 拜斯纳
Bergson 柏格森
Boehm 伯姆
Böllendorf 博伦德夫
Brokmeier 布罗克迈尔
Cohn 科恩
Courtine 库尔蒂纳
Dastur 达斯杜
David 大卫
de Gandillac 德冈迪亚克
Descartes 笛卡儿
de Waelhens 德瓦埃朗
Dezczanski 德扎斯基
Dilthey 狄尔泰
Düttmann 杜特曼
Fédier 费迪耶
Fichte 费希特
Franck 弗兰克
Gibelin 吉布兰
Granel 格拉内尔
Greisch 格赖施

Grosjean 格罗让
Haar 阿尔
Hegel 黑格尔
Heidegger 海德格尔
Helvétius 爱尔维修
Hölderlin 荷尔德林
Husserl 胡塞尔
Ioannidi 伊奥安妮蒂
Jünger 荣格尔
Kahn 卡恩
Kant 康德
Keenan 基南
Krell 克雷尔
Lacoue-Labarthe 拉库-拉巴尔特
Launay 洛奈
Lauxerois 洛克塞鲁瓦
Léturmy 莱蒂勒米
Levin 莱文
Levinas 勒维纳斯
Louis 路易
Luther 路德
Marguerite de Porette 玛格丽特·德波雷特
Maître Eckart 艾克哈特大师
Nietzsche 尼采
Owen 欧文
Paul 保罗
Paul de Man 保罗·德曼
Payot 帕约
Pepper 佩珀
Ponge 蓬热
Préau 普雷奥
Roëls 罗埃尔斯
Rosenzweige 罗森茨威格
Saatdjian 萨特简
Sallis 萨利斯
Scheler 舍勒
Schelling 谢林
Schlegel 施莱格尔
Trakl 特拉克尔
Valéry 瓦雷里
Martineau-Vezin 马蒂诺-韦赞
Warminski 沃敏斯基

译后记

1987年3月14日，在由巴黎国际哲学学院组织的讨论会“海德格尔：开放的问题”的闭幕式上，德里达宣读了他的长篇报告：《论精神：海德格尔与问题》。同年，该报告在补充了一系列注释后由伽利略出版社以同名出版。这就是我们所译的这本书。

既然题为《论精神：海德格尔与问题》，显然“精神”是这部关于海德格尔的著作的主题。但诚如德里达在书中所说，“在海德格尔家族的所有成员中，无论是正统的还是异端的，是新海德格尔主义者还是准海德格尔主义者，是门徒还是专家，都没有人再对这个主题感兴趣。从没有人谈起过海德格尔那里的精神。更甚的是：甚至连专业的反海德格尔主义者也对精神这个论题不感兴趣，哪怕是为了宣布废除它。”但这正是问题之所在，德里达说。然而何以这就是个问题呢？不谈就不谈，有什么大不了的呢？也许海德格尔本来就没拿它当回事呢。我们什么时候见到海德格尔把“精神”与存在、*Dasein*、时间、世界、历史、存在论差异、*Ereignis* 等宏大主题等量齐观的呢？似乎是没有。而且，早从《存在与时间》开始，海德格尔本人就不断地提醒人们要避免使用“精神”(Geist)乃至“精神性的”(geistig，geistlich)这些词。

然而德里达为什么要说：这种不谈、这种避免本身，恰恰就是问题呢？难道这正是德里达作为一个解构思想家的眼光的独到和毒辣处？也许。

首先，在西方哲学的语境中思考哲学，尤其是像海德格尔这样已经深入到西方思想之最深处并一度触及甚至跨过了西方思想之边界的思想家，如何可能真正回避、避免掉一直是西方哲学、西方思想之核心主题和问题的“精神”呢？要知道，从古希腊以来，精神，无论它曾被叫做 psyche、pneuma、spiritus、spirit 还是 Geist，它可始终都是西方哲学的核心“问题”之一。而且，在据说是传统西方哲学之终结形态的黑格尔哲学中，“精神”的地位更是登峰造极：它就是那最高和最后的范畴，就是那唯一的实体和主词(主体)。更不要说，“精神”在基督教哲学和神学中的地位了：它可是那三位一体中的“圣灵”。所以，海德格尔的“回避”或“避免”本身，或许正是他思考“精神”的一种方式、一种策略呢。在德里达看来，事情正是如此。

而且事实上，海德格尔也并非像他本人宣称的那样一直在避免“精神”。毋宁说，他只是避免某种精神，而与此同时他却又一直呼唤并且反复谈论着某种或某些不同的精神、某种或某些别样的精神：比如在《存在与时间》的最后几节，在《形而上学导论》中，在《大学校长就职演说》中，在关于谢林的讲座中，在对荷尔德林，尤其是对特拉克尔的诗歌的阐释中，等等。

在本书中，德里达带领我们沿着海德格尔的思想道路一路走来，不仅详细追踪了不同阶段的海德格尔对于“精神”的不同态度和不同思想；更为我们具体分析了精神与海德格尔思想中的其他四条主线(问题、技术、动物性、存在的时代性)之间的关系，而且通过剥茧抽丝般的分析向我们表明：恰恰是精神才把这四条线索纽结在一起。这无疑让我们获得了一条进入海德格尔思想的新的入口。

不仅如此。德里达对海德格尔的精神之思与传统西方哲学的精神之思的关系的讨论，尤其是对其与基督教思想，乃至与纳粹思想之间关系的讨论，更为我们打开了一个有待进一步梳理和思考的问题空间。比如：纳粹思想与西方传统的人本主义思想、人类中心论思想之间究竟是什么关系？海德格尔最后的思想是否走出了传统西方哲学的边界？他最后所思考的精神——作为火焰、作为年岁的步伐——是否真的比基督教教徒们一直追求的真理更本源并成为它们的可能性条件？还是说，恰恰是以更恰当的方式说出了后者一直追求的真理？

所有这些，当然还有我们没有谈及的其他问题（比如精神与“本原处的异质”的关系、与“全然他者”的关系、与“返回”的关系，等等），正是本书带给我们并邀请我们一道思考的。

不消说，翻译是困难的。尤其是翻译德里达的文字。又尤其是德里达讨论海德格尔的文字。两个都是通过语言游戏进行思想游戏的高手。对于这些“游戏”之处，翻译几乎是不可能的。不仅如此，甚至个别的术语，有时也是无法译的。比如本书最关键的“精神”（Geist）这个词的两个形容词形式：geistig 与 geistlich。这两个词之间的区分，对于后期海德格尔的精神之思来说是极关键的。但德里达却偏偏要把 geistlich 和 geistig 都译为 spirituel。这样我们在翻译时就很难把 spirituel 还原为原来的两个德文词再分别译之：首先，这种还原在技术上几乎是不可能的：因为尽管德里达有时会在 spirituel 后面附上德文原文，但在多数情况下并没有附上。其次，即使技术上可行，这种还原是否必须进行也是可以讨论的。因为我们翻译的毕竟是德里达对海德格尔的解释或不如说解构的文本，因此我们首先必须要尊重德里达本人的书写方式。而德里达之所以要这么做，也正有其思想上的考虑：在他看来，海德格尔对 geistig 与 geistlich 的区分本身，尤其是海德格尔对 geistlich 的去基督教化的努力，可能恰恰是需要解构的。考虑到这些，译者最终还是决定随德里达的做法一道，把这两个词译为一个中文。好在，在德里达自己认为可能引起混乱的地方，他都直接用了德文原文而没有翻译，或在法译文后面附上德文原文。这样也就给我们一个大方便：直接随他一起使用或附上德文原文。

另外一个例子是对德语 Sprache 的翻译。Sprache 一般有“语言、话语、说话方式”等含义。在海德格尔的 *Unterwegs zur Sprache*（《在通向语言的途中》）一书的中译本中，孙周兴先生一般把它译为“语言”。但是德里达却把它按语境分别译为 langue、 langage 和 parole。于是我们又面临一个两难选择：是按关键词一词一译原则把它统一译为“语言”（如中译本那样），还是按德里达的法译文把它分别译为三个词？同样是出于对德里达文本的尊重，我们还是决定随德里达一道把它分别译为“语言”、“言语”和“话语”。

当然还有其他例子，不一一枚举。

然而必须说明，以上所有这些翻译的困难——无论是语言上的还是义理上的，都不应当成为错译、误译的借口。而这些又几乎是注定无法避免的。在此译者只能期待读者的批评与指正。

本书的翻译首先要感谢中山大学哲学系的倪梁康教授，他不仅一直对译者的科研活动给予极大支持与帮助，而且正是他向上海译文出版社推荐译者翻译这本书的选题。

这里也要感谢中山大学哲学系的梅谦立教授，他为译者解决了一些翻译中的法文和拉丁文的疑难。中山大学的张宪教授、陈立胜教授也一直从各方面对译者给予关心、帮助，借此机会也向他们致以谢意。

最后我要深深感谢我的妻子蒋春霞女士，感谢她对于我的工作始终给予的无尽的理解和支持！

DE JACQUES DERRIDA
DE L'ESPRIT

图字:09－2007－427 号

图书在版编目(CIP)数据

论精神:海德格尔与问题/(法)德里达(Derrida,J.)著;朱刚译. —上海:上海译文出版社,2014.8 (2024.2重印)
(译文经典)
ISBN 978－7－5327－6671－0

Ⅰ. ①论… Ⅱ. ①德… ②朱… Ⅲ. ①海德格尔,M.(1889~1976)—哲学思想—研究 Ⅳ. ①B516.54

中国版本图书馆 CIP 数据核字(2014)第 099655 号

论精神
海德格尔与问题
〔法〕雅克·德里达/著 朱 刚/译
策划编辑/马 胜 责任编辑/范炜炜 装帧设计/张志全工作室

上海译文出版社有限公司出版、发行
网址:www.yiwen.com.cn
201101 上海市闵行区号景路 159 弄 B 座
山东韵杰文化科技有限公司印刷

开本 787×1092 1/32 印张 6.5 插页 5 字数113,000
2014 年 8 月第 1 版 2024 年 2 月第 2 次印刷
印数:5,001—8,000 册

ISBN 978－7－5327－6671－0/B·387
定价:40.00 元